RECHNEN

1.–4. Klasse

Christine Brüning
Amelie Fuchs
Stefanie Gleixner-Weyrauch
Manfred Hahn
Marion Lugauer
Monika Seidel

STARK

Bildnachweis

Umschlagbild sowie alle Zeichnungen: Katrin Merle
S. 26: Geschenke und Hütchen: © Egal/Dreamstime.com; Becher: © San32/Dreamtime.com
S. 27: Torte: © Gizmo/Dreamstime.com
S. 62: Bonbons: © Blueee/Dreamstime.com; süße Blätter: © South12th/Dreamstime.com; Drops: © Greenland/Dreamstime.com
S. 66: Ball gelb: © Teamarbeit/Dreamstime.com; Ball blau: © Jurisam/Dreamstime.com; Ball rot: © Leeser/Dreamstime.com
S. 75: Würfel: © kpepin – Fotolia.com
S. 78: Perlen: © Opitec-Hobbyfix, www.opitec.de
S. 82: Schlange, Kakadu und Storch: © Eric Isselée – Fotolia.com; Alligator: © Mammut Vision – Fotolia.com
S. 83: Eidechse: © Alle/Dreamstime.com; Schlange: © Eric Isselée – Fotolia.com
S. 88: Zauberstab und -hut: © arahan – Fotolia.com
S. 99: Buntstifte: © Dreamstime.com
S. 122: Füller: Marion Augenstein
S. 124: Mosaik: © Villa Romana del Casale – Piazza Armerina – www.villaromanadelcasale.it
S. 126: Marionetten: © Marionettentheater Schloss Schönbrunn
S. 127: Zeichnungen unten: Marion Augenstein
S. 129: Bagger: Claudia Bichler
S. 130: Mädchen: Claudia Bichler
S. 132, 133: Tafeln: © Didier Kobi/Dreamstime.com
S. 134: Ankerkette: © Jose Gil/Dreamstime.com
S. 136: Pfeil: © Mandygobehear/Istockphoto.com

www.stark-verlag.de

Inhalt

Rechnen – 1. Klasse

Rechnen – 2. Klasse

Rechnen – 3. Klasse

Rechnen – 4. Klasse

Autoren:
1. Klasse: Amelie Fuchs
2. Klasse: Manfred Hahn
3. Klasse: Stefanie Gleixner-Weyrauch, Marion Lugauer, Monika Seidel
4. Klasse: Christine Brüning

Vorwort

Liebe Eltern,

mit diesem Buch kann Ihr Kind das **Rechnen** von der **1. bis zur 4. Klasse** üben. Alle vier Grundrechenarten (Plus- und Minusrechnen, Malnehmen und Teilen) werden kindgerecht erklärt und mithilfe von abwechslunsgreichen Aufgaben geübt. Das Buch ist in vier Teile gegliedert, sodass Sie schnell die Rechenübungen zur passenden Jahrgangsstufe finden. Es bietet sich aber auch an, Aufgaben aus anderen Klassenstufen zu bearbeiten, z. B. um etwas zu wiederholen oder sich an anspruchsvolleren Aufgaben auszuprobieren.

In allen vier Teilen gibt es farbig hinterlegte **Tippseiten**, die wertvolle Hinweise und kreative Ideen zum Üben liefern. Gelbe **Tippzettel** helfen an kniffligen Stellen weiter und **Knobelaufgaben** regen zum Nachdenken an. Im herausnehmbaren **Lösungsheft** finden Sie außerdem kindgerechte Lösungen zur leichteren Kontrolle.

Wir wünschen Ihrem Kind viel Erfolg beim Rechnen.

Die Autoren

Rechnen 1. Klasse – Tipps zum Üben

In der 1. Klasse arbeiten die Kinder im Zahlenraum bis 20. In der Regel werden im ersten Halbjahr die Zahlen bis 10, im zweiten Halbjahr die Zahlen bis 20 durchgenommen. Sobald die Kinder eine gute Vorstellung von Zahlen und Mengen aufgebaut haben, lernen sie das Addieren (Plusrechnen) und Subtrahieren (Minusrechnen) – zunächst ohne, später mit Zehnerübergang.

Zahlen bis 20 kennenlernen

- Legen Sie mit Ihrem Kind verschiedene Zahlen (zunächst bis 10, im zweiten Halbjahr bis 20) mit kleinen Gegenständen, z. B. Muggelsteinen. Die Arbeit mit konkretem Material lässt Ihr Kind die Zahlen im wahrsten Sinne des Wortes „be-greifen“.
- Würfeln Sie gemeinsam mit einem 6er-Würfel verschiedene Augenzahlen. Lassen Sie Ihr Kind die Zahlen benennen.
- Bauen Sie das Zählen in Ihren Alltag ein. So können Sie z. B. beim Kochen die Kartoffeln und beim Treppensteigen die Stufen zählen.

Plus- und Minusrechnen bis 20

- Auch das Rechnen sollte anfangs möglichst anschaulich sein. Spielen Sie mit Äpfeln, Stiften oder Muggelsteinen verschiedene Plus- und Minusaufgaben nach.
- Vielen Kindern fällt das Rechnen mit Zehnerüberschreitung am Anfang sehr schwer. Beim Rechnen mit Zehnerüberschreitung muss „über die Zehn“ gerechnet werden.
  Beispiel: $8 + 5 = 13$
  Damit das gelingt, müssen Kinder Zahlen zerlegen können. Die Zahl 5 lässt sich z. B. so zerlegen: $5 = 2 + 3$
  Nun kann man zuerst bis zur 10 rechnen und dann den Rest addieren:
  $8 + 5 = 8 + 2 + 3 = 10 + 3 = 13$
- Das Zerlegen von Zahlen lässt sich ebenfalls mit Gegenständen trainieren: Nehmen Sie zwei verschiedene Gegenstände, z. B. verschiedene Stifte, und versuchen Sie, die Zahlen bis 10 auf möglichst viele verschiedene Arten zu legen.
- Es gibt Kartenspiele, bei denen gerechnet werden muss, z. B. 17 + 4. Sie können ein Spiel aber auch abwandeln: Lassen Sie Ihr Kind bei der nächsten Partie „Mensch ärgere Dich nicht!“ mit zwei Würfeln würfeln und die Zahlen zusammenzählen. So vergisst Ihr Kind beim Spielen, dass es Rechnen „übt“.

Zahlen bis 10 – Zahlen kennenlernen

1 **Was ist alles in Leons Schultüte?**
Verbinde die Gegenstände mit der richtigen Zahl.

2 Im Klassenzimmer

Kreise die Gegenstände ein und verbinde sie mit dem richtigen Handzeichen und mit der richtigen Zahl.

3 Anna packt ihre Schultasche

Zähle die Sachen und trage die Anzahl in die Kästchen ein.

4 Mein erster Schultag

Verbinde die Zahlen von 1 bis 10 in der richtigen Reihenfolge. Du erhältst zwei Bilder.

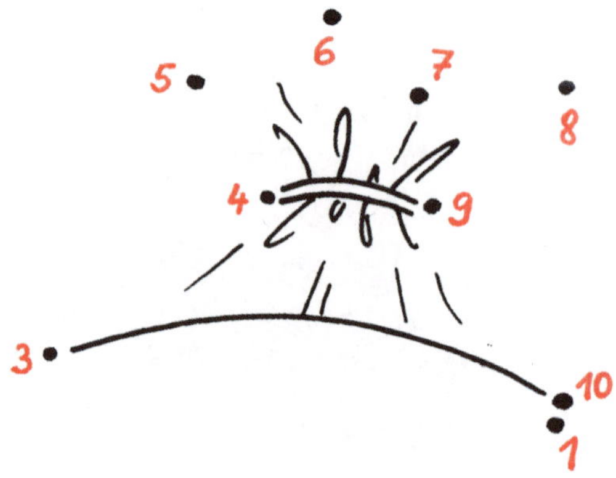

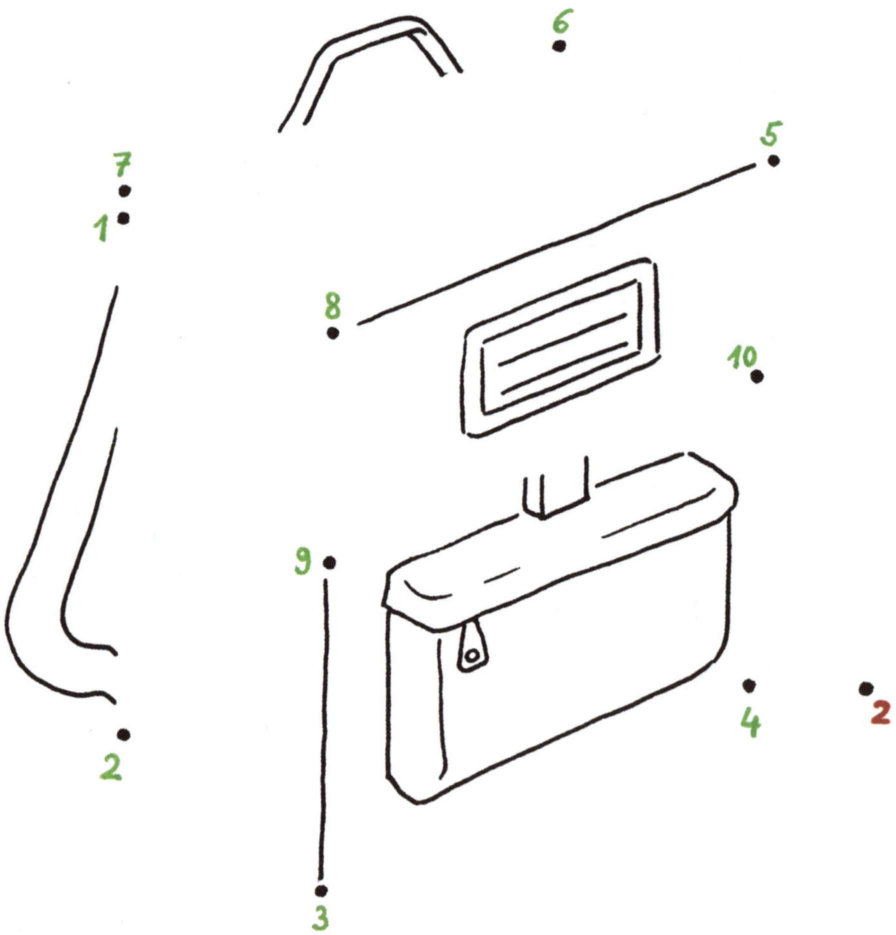

5 In der Pause

Male die Flächen wie angegeben an.

= 1 = 2 = 3 = 4 = 5

= 6 = 7 = 8 = 9 = 10

Zahlen bis 10 – Erstes Rechnen

6 Erstes Rechnen

Ergänze die Zerlegungen.

1

1 + ☐
0 + ☐

2

2 + 0
1 + 1
0 + 2

3

3 + ☐
2 + ☐
1 + ☐
0 + ☐

4

4 + ☐
3 + ☐
2 + ☐
1 + ☐
0 + ☐

5

5 + ☐
4 + ☐
3 + ☐
2 + ☐
1 + ☐
0 + ☐

6

6 + ☐
☐ + 1
4 + ☐
3 + ☐
☐ + 4
☐ + 5

7

1 + ☐
0 + ☐
4 + ☐
☐ + 1
☐ + 0
☐ + 2
3 + ☐
2 + ☐

8

☐ + 1
3 + ☐
☐ + 6
7 + ☐
☐ + 2
5 + ☐
☐ + 0
4 + ☐
☐ + 8

9

0 + ☐
5 + ☐
☐ + 8
☐ + 2
3 + ☐
4 + ☐
☐ + 8
☐ + 6
7 + ☐
9 + ☐

10

10 = 10 + ☐
10 = 9 + ☐
10 = ☐ + ☐
10 = ☐ + ☐
10 = ☐ + ☐
10 = ☐ + ☐
10 = ☐ + ☐
10 = ☐ + ☐
10 = ☐ + ☐
10 = ☐ + ☐

7 Größer, kleiner oder gleich groß?

Trage die passenden Zeichen ein und male aus.

7 (>) 6
5 ○ 6
2 ○ 9

3 ○ 4
2 ○ 5
2 ○ 1

4 ○ 4
8 ○ 2
4 ○ 3

10 ○ 8
6 ○ 7
2 ○ 6

10 ○ 9
7 ○ 7
0 ○ 5

5 ○ 4
5 ○ 6
0 ○ 1

8 ○ 9
1 ○ 0
4 ○ 7

3 ○ 3
7 ○ 4
2 ○ 8

6 ○ 10
5 ○ 5
7 ○ 2

4 ○ 0
5 ○ 8
1 ○ 1

Klettern in der Pause

Suche, was zusammenpasst, und verbinde.

8

1 + 5	4
3 + 1	5
5 + 2	6
2 + 3	7
4 + 4	8
2 + 1	1
0 + 1	3
7 + 2	9

9

7	3 – 3
4	9 – 2
6	8 – 7
2	6 – 2
1	5 – 2
8	9 – 3
0	4 – 2
3	9 – 1

10

3 + 2	1 + 3
4 + 2	4 + 1
5 + 2	1 + 5
2 + 2	4 + 4
1 + 7	3 + 4
7 + 3	1 + 8
1 + 1	6 + 4
3 + 6	0 + 2

11

9 – 4	7 – 5
4 – 3	6 – 1
8 – 6	9 – 1
10 – 2	9 – 8
4 – 1	9 – 6
7 – 3	7 – 7
2 – 2	8 – 1
9 – 2	8 – 4

MATHEMATIK 1.–4. Klasse

RECHNEN

LÖSUNGSHEFT

STARK

Rechnen – 1. Klasse

Zahlen bis 10 – Zahlen kennenlernen

1

2

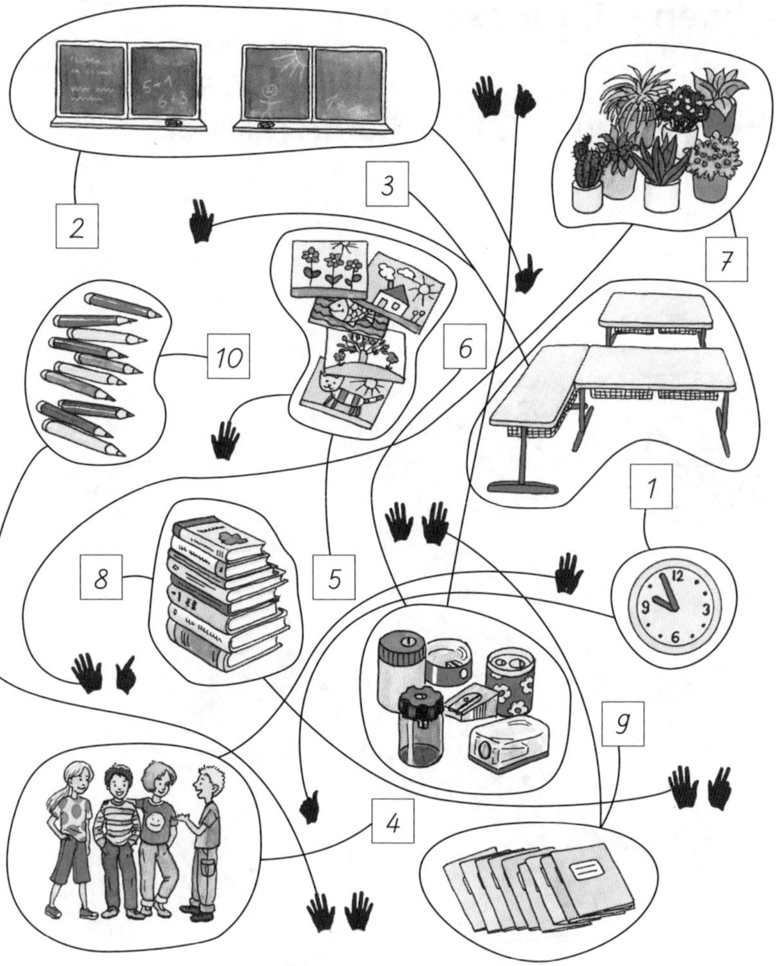

3

4

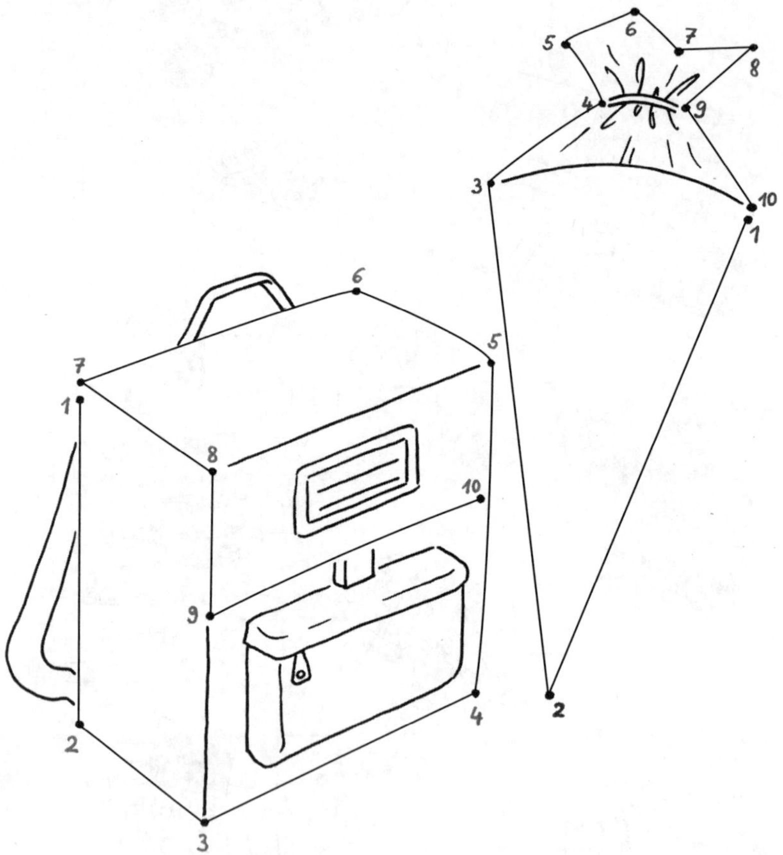

5 Das Bild ist mit den angegebenen Farben anzumalen.

Zahlen bis 10 – Erstes Rechnen

6

Zerlegung 1: 1 + **0**, 0 + **1**
Zerlegung 2: 2 + 0, 1 + **1**, 0 + **2**
Zerlegung 3: 3 + **0**, 2 + **1**, 1 + **2**, 0 + **3**
Zerlegung 4: 4 + **0**, 3 + **1**, 2 + **2**, 1 + **3**, 0 + **4**
Zerlegung 5: 5 + **0**, 4 + **1**, 3 + **2**, 2 + **3**, 1 + **4**, 0 + **5**
Zerlegung 6: 6 + **0**, **5** + 1, 4 + **2**, 3 + **3**, **2** + 4, **1** + 5
Zerlegung 7: 1 + **6**, 0 + **7**, 4 + **3**, **6** + 1, **7** + 0, **5** + 2, 3 + **4**, 2 + **5**
Zerlegung 8: **7** + 1, 3 + **5**, **2** + 6, 7 + **1**, **6** + 2, 5 + **3**, **8** + 0, 4 + **4**, **0** + 8
Zerlegung 9: 0 + **9**, 5 + **4**, **1** + 8, **7** + 2, 3 + **6**, 4 + **5**, **1** + 8, **3** + 6, 7 + **2**, 9 + **0**
Zerlegung 10: 10 + **0**, 9 + **1**, 8 + **2**, 7 + **3**, 6 + **4**, 5 + **5**, 4 + **6**, 3 + **7**, 2 + **8**, 1 + **9**

7

7 > 6	3 < 4
5 < 6	2 < 5
2 < 9	2 > 1
4 = 4	10 > 8
8 > 2	6 < 7
4 > 3	2 < 6
10 > 9	5 > 4
7 = 7	5 < 6
0 < 5	0 < 1
8 < 9	3 = 3
1 > 0	7 > 4
4 < 7	2 < 8
6 < 10	4 > 0
5 = 5	5 < 8
7 > 2	1 = 1

8

1 + 5	4
3 + 1	5
5 + 2	6
2 + 3	7
4 + 4	8
2 + 1	1
0 + 1	3
7 + 2	9

9

7	3 – 3
4	9 – 2
6	8 – 7
2	6 – 2
1	5 – 2
8	9 – 3
0	4 – 2
3	9 – 1

10

3 + 2	1 + 3
4 + 2	4 + 1
5 + 2	1 + 5
2 + 2	4 + 4
1 + 7	3 + 4
7 + 3	1 + 8
1 + 1	6 + 4
3 + 6	0 + 2

11

9 – 4	7 – 5
4 – 3	6 – 1
8 – 6	9 – 1
10 – 2	9 – 8
4 – 1	9 – 6
7 – 3	7 – 7
2 – 2	8 – 1
9 – 2	8 – 4

12
2 + 2 = **4**
7 + 1 = **8**
1 + 1 = **2**
0 + 1 = **1**
6 + 2 = **8**
3 + 3 = **6**
5 + 4 = **9**
4 + 1 = **5**

13
9 – 3 = **6**
10 – 8 = **2**
5 – 1 = **4**
8 – 5 = **3**
10 – 1 = **9**
10 – 5 = **5**
9 – 1 = **8**
8 – 7 = **1**

14

+	0	1	2	3	4	5
1	1	**2**	**3**	**4**	**5**	**6**
2	**2**	**3**	**4**	5	**6**	**7**
3	**3**	4	**5**	**6**	**7**	**8**
4	**4**	**5**	6	**7**	**8**	**9**
5	**5**	**6**	**7**	**8**	**9**	10

15

8 + 1 = 9	1 + 8 = 9
1 + 4 = **5**	4 + 1 = **5**
2 + 6 = **8**	6 + 2 = **8**
4 + 5 = **9**	5 + 4 = **9**
9 + 1 = **10**	1 + 9 = **10**
3 + 2 = **5**	2 + 3 = **5**

16 6 + 3 = **9** | 3 + 6 = **9**

6 + 3 = **9**	3 + 6 = **9**
1 + 6 = **7**	**6** + **1** = **7**
3 + 4 = **7**	**4** + **3** = **7**
2 + 1 = **3**	**1** + **2** = **3**
1 + 8 = **9**	**8** + **1** = **9**
7 + 2 = **9**	**2** + **7** = **9**

17

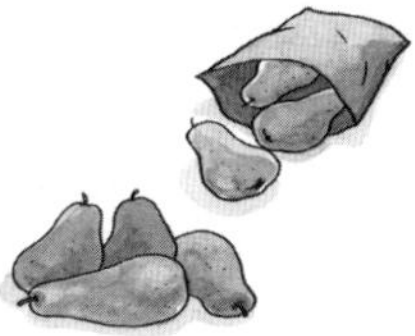

4 + 3 = **7**

7 – 3 = **4**

6 + **2** = **8**

8 – **2** = **6**

5 + 4 = **9**	3 + 6 = **9**	7 + 1 = **8**
9 – 4 = **5**	**9** – 6 = **3**	**8** – 1 = **7**
2 + 3 = **5**	**3** + 4 = 7	3 + 3 = **6**
5 – **3** = **2**	**7** – **4** = **3**	**6** – **3** = **3**

Zahlen bis 20 – Zahlen kennenlernen

18

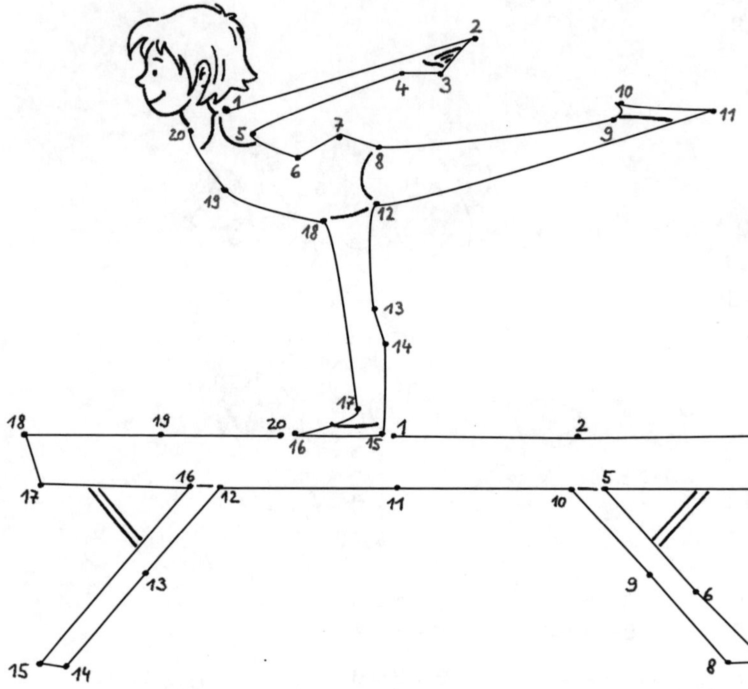

19

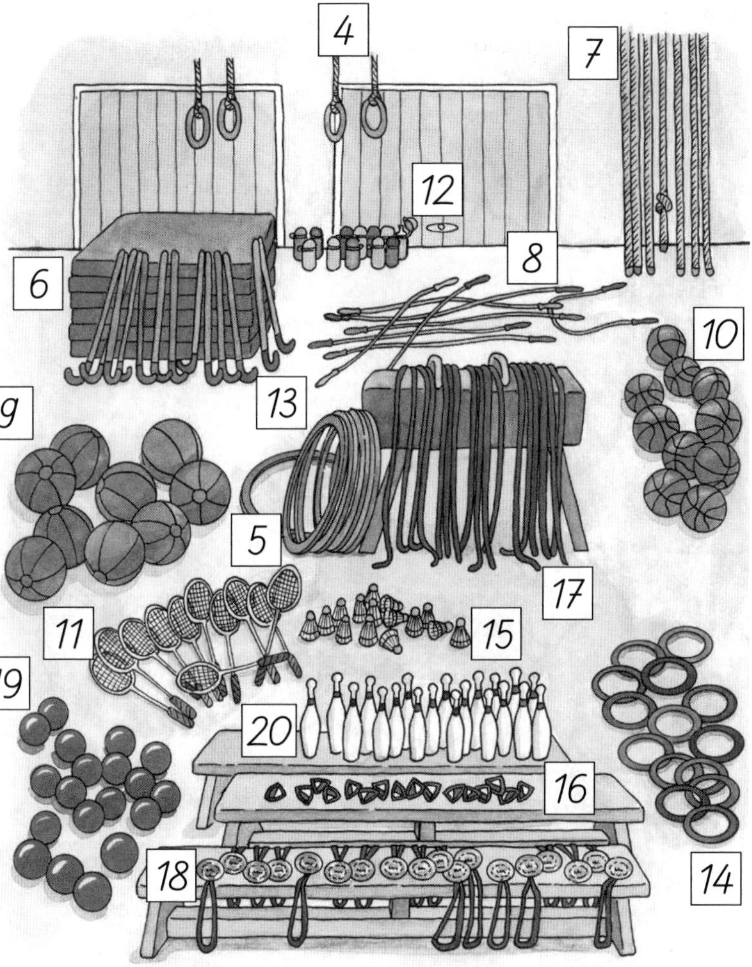

20

Vorgänger	Kind	Nachfolger
–	Leon	Anna
Leon	Anna	**Marie**
Eva	Tim	–
Anna	Marie	**Eva**
Marie	Eva	**Tim**

21 Du stehst jetzt auf Feld: **17**

22 **a**

b 3., 5., 6., 7., 8., 9., 10., 12., 16., 17., 19., 20.

c 2., 4., 8., 12., 14., 17.

d Die Trikots sind wie beschrieben anzumalen.

e 5., 6., 9., 10., 11., 15., 16.

23

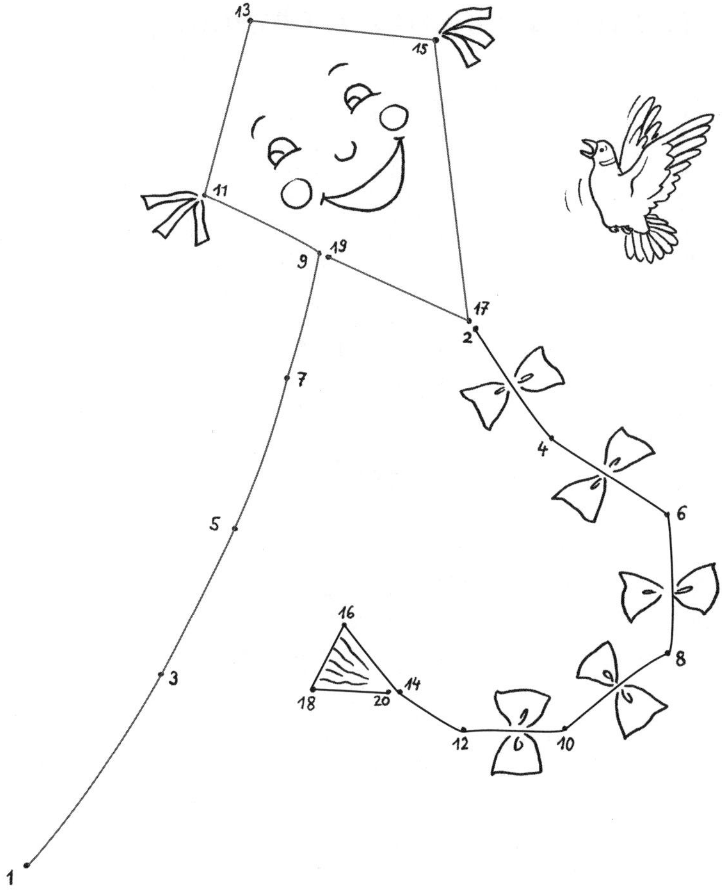

Zahlen bis 20 – Rechnen ohne Zehnerüberschreitung

24

5 + 4 = **9**
15 + 4 = **19**
1 + 7 = **8**
1 + 17 = **18**
8 + 2 = **10**
18 + 2 = **20**

25

2 + 4 = **6**
12 + 4 = **16**
5 + 3 = **8**
15 + 3 = **18**
3 + 2 = **5**
13 + 2 = **15**

26

12 + 3 = **15**
3 + 14 = **17**
18 + 2 = **20**
15 + 1 = **16**
17 + 2 = **19**
13 + 5 = **18**

27

6 + 11 = **17**
2 + 16 = **18**
1 + 18 = **19**
2 + 12 = **14**
3 + 10 = **13**
12 + 6 = **18**

28

16 + 1	19
11 + 7	16
10 + 9	17
12 + 4	18
13 + 7	15
14 + 1	20

29

20 – 5	16
19 – 3	17
14 – 2	15
18 – 1	12
17 – 4	13
19 – 9	10

30

31

Beispiel:
Blumen

a) Käfer

4 + 7 = 11
7 + 4 = 11
11 – 7 = 4
11 – 4 = 7

b) Schmetterlinge

6 + 14 = 20
14 + 6 = 20
20 – 6 = 14
20 – 14 = 6

c) Raupen

8 + 6 = 14
6 + 8 = 14
14 – 8 = 6
14 – 6 = 8

d) Spinnen

8 + 5 = 13
5 + 8 = 13
13 – 8 = 5
13 – 5 = 8

e) Schnecken

8 + 9 = 17
9 + 8 = 17
17 – 8 = 9
17 – 9 = 8

32

1	4	6	3	**5**	2	**7**	10	9	8
2	**8**	**12**	**6**	10	**4**	14	**20**	**18**	**16**

10	2	**8**	16	18	20	4	**14**	12	6
5	**1**	4	**8**	**9**	**10**	**2**	7	**6**	**3**

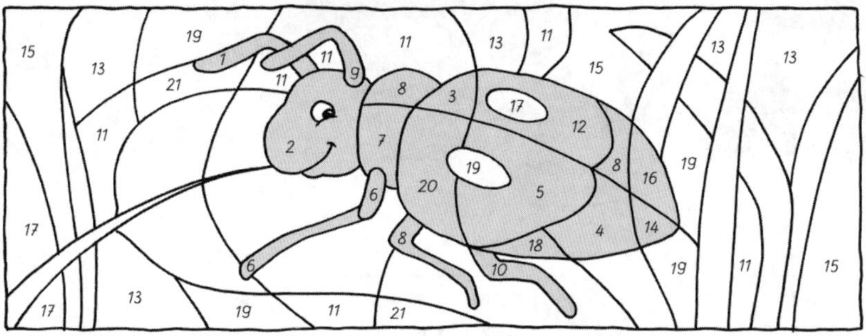

33
10 + 5 = **15**
11 + 3 = **14**
12 + 6 = **18**
17 + 3 = **20**
5 + 14 = **19**
1 + 17 = **18**
6 + 12 = **18**
3 + 15 = **18**

34
14 + 2 = **16**
17 + 1 = **18**
13 + 4 = **17**
12 + 7 = **19**
8 + 11 = **19**
3 + 14 = **17**
5 + 15 = **20**
2 + 12 = **14**

35
18 − 5 = **13**
15 − 4 = **11**
20 − 5 = **15**
17 − 6 = **11**
15 − 3 = **12**
18 − 8 = **10**
20 − 6 = **14**
13 − 1 = **12**

36
19 − 2 = **17**
13 − 2 = **11**
19 − 9 = **10**
16 − 3 = **13**
12 − 2 = **10**
14 − 2 = **12**
18 − 7 = **11**
15 − 1 = **14**

37 A = 10, B = 20, C = 6, D = 12

38 Rechne +

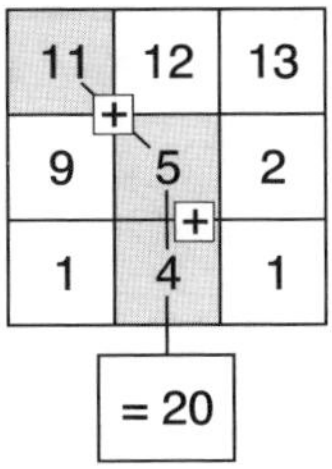

Rechne –

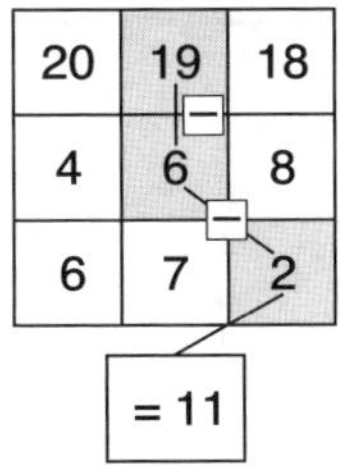

Zahlen bis 20 – Rechnen mit Zehnerüberschreitung

39 a
7 + 5 = **12** 9 + 2 = **11** 9 + 6 = **15**
9 + 3 = **12** 7 + 6 = **13** 6 + 7 = **13**
8 + 6 = **14** 9 + 4 = **13** 5 + 7 = **12**

b
8 + 3 = **11** 7 + 7 = **14** 8 + 4 = **12**
7 + 9 = **16** 6 + 5 = **11** 9 + 9 = **18**
8 + 5 = **13** 4 + 9 = **13** 2 + 9 = **11**

c
5 + 8 = **13** 6 + 8 = **14** 5 + 9 = **14**
4 + 7 = **11** 3 + 8 = **11** 4 + 8 = **12**
7 + 8 = **15** 8 + 9 = **17** 8 + 8 = **16**

40 a
18 – 9 = **9** 14 – 7 = **7** 13 – 5 = **8**
11 – 4 = **7** 12 – 5 = **7** 17 – 9 = **8**
16 – 8 = **8** 11 – 3 = **8** 15 – 9 = **6**

b
14 – 5 = **9** 12 – 3 = **9** 11 – 8 = **3**
15 – 7 = **8** 16 – 9 = **7** 14 – 8 = **6**
13 – 6 = **7** 12 – 9 = **3** 13 – 8 = **5**

c
11 – 2 = **9** 15 – 8 = **7** 14 – 5 = **9**
13 – 9 = **4** 12 – 8 = **4** 11 – 7 = **4**
11 – 9 = **2** 13 – 4 = **9** 12 – 7 = **5**

41

42

43

44

6 + 12 = **18**	**12** + **6** = **18**
8 + 9 = **17**	**9** + **8** = **17**
17 + 2 = **19**	**2** + **17** = **19**
11 + 3 = **14**	**3** + **11** = **14**
5 + 6 = **11**	**6** + **5** = **11**
13 + 5 = **18**	**5** + **13** = **18**

45

14 + 6 = **20**
8 + 7 = **15**
6 + 2 = **8**
12 + 3 = **15**
9 + 8 = **17**
15 − 3 = **12**

20 − 6 = **14**
15 − 7 = **8**
8 − 2 = **6**
15 − 3 = **12**
17 − 8 = **9**
12 + 3 = **15**

46

6 + 2 = **8**
16 + 2 = **18**
4 + 1 = **5**

8 + 1 = **9**
8 + 2 = **10**
8 + 3 = **11**

9 + 7 = **16**
14 + 6 = **20**
16 + 2 = **18**

1 + 1 = **2**
2 + 2 = **4**
3 + 3 = **6**
4 + 4 = **8**
5 + 5 = **10**
6 + 6 = **12**
7 + 7 = **14**
8 + 8 = **16**
9 + 9 = **18**
10 + 10 = **20**

7 + 1 = **8**
17 + 1 = **18**
8 + 2 = **10**

17 − 7 = **10**
17 − 8 = **9**
17 − 9 = **8**

9 − 3 = **6**
11 − 7 = **4**
20 − 4 = **16**

6 + 4 + 3 = **13**
9 + 1 + 5 = **15**
8 + 4 + 2 = **14**

13 − 3 − 6 = **4**
12 − 2 − 4 = **6**
14 − 3 − 4 = **7**

5 + 2 = **7**
15 + 2 = **17**
3 + 3 = **6**

6 + 2 = **8**
6 + 3 = **9**
6 + 4 = **10**

15 + **4** = 19
11 + **7** = 18
19 + **0** = 19

47

48

+	4	2	6	9
3	7	5	9	12
5	9	7	11	14
7	11	9	13	16
2	6	4	8	11
1	5	3	7	10
10	14	12	16	19

–	2	3	4	5
7	5	4	3	2
9	7	6	5	4
6	4	3	2	1
5	3	2	1	0
8	6	5	4	3
10	8	7	6	5

–	5	3	8	10
15	10	12	7	5
18	13	15	10	8
20	15	17	12	10
13	8	10	5	3
16	11	13	8	6
11	6	8	3	1

49 3 **+** 4 **–** 2 **+** 10 = 15
5 **+** 5 **+** 7 **–** 2 = 15
20 **–** 9 **+** 2 **+** 2 = 15
15 **+** 2 **–** 4 **+** 2 = 15 oder: 15 **–** 2 **+** 4 **–** 2 = 15

50  = 12  = **6**

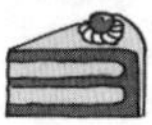 = **9**  = **3**

3 + **3** = **6**

6 + **6** = 12

12 **– 9** = **3**

Zahlen bis 100 – Zahlen ordnen und benennen

51 a

12	16	19	21
L	E	O	N

25	28	32	37	41	44
M	Ö	C	H	T	E

46	52	56
B	I	S

58	63	67	69	72	74	78
H	U	N	D	E	R	T

81	84	86	89	93	98
Z	Ä	H	L	E	N

52 a 17 b 23

c 36 d 48

e 53 f 65

53

54

16	17
26	27

81	**82**	83	84
91	**92**	93	**94**

51	52
61	**62**
71	72

24	25
34	**35**
44	**45**

47	48	**49**
57	58	**59**

11	12	**13**
	22	

66	67
76	**77**

			70
		79	
	88		
97			

55 a

85	43	6	18	87	17	2	99	31	64	33	9	96	15	29	38	69	73	54
N	T	A	L	M	G	O	H	F	E	R	K	U	D	E	E	B	D	R

b

99	96	85	73	64	54	43	38	33	31	29	18	15
H	U	N	D	E	R	T	E	R	F	E	L	D

c

1	2	3	4	5	6	7	8	9	10
11	**12**	**13**	**14**	**15**	**16**	**17**	**18**	**19**	20
21	**22**	**23**	**24**	**25**	**26**	**27**	**28**	**29**	30
31	**32**	**33**	**34**	**35**	**36**	**37**	**38**	**39**	40
41	**42**	**43**	**44**	**45**	**46**	**47**	**48**	**49**	50
51	**52**	**53**	**54**	**55**	**56**	**57**	**58**	**59**	60
61	**62**	**63**	**64**	**65**	**66**	**67**	**68**	**69**	70
71	**72**	**73**	**74**	**75**	**76**	**77**	**78**	**79**	80
81	**82**	**83**	**84**	**85**	**86**	**87**	**88**	**89**	90
91	**92**	**93**	**94**	**95**	**96**	**97**	**98**	**99**	100

Zahlen bis 100 –
Zahlen zerlegen und vergleichen

56 a

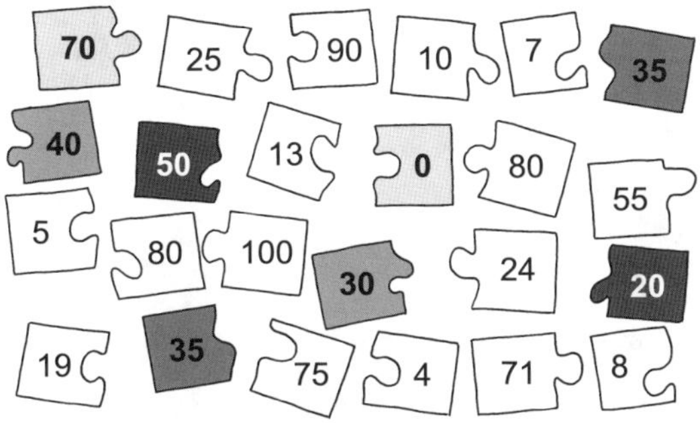

70 = **70** + **0**
70 = **40** + **30**
70 = **50** + **20**
70 = **35** + **35**

b

100 = **60** + **40**
100 = **90** + **10**
100 = **30** + **70**
100 = **95** + **5**

c

80 = **70** + **10**
80 = **40** + **40**
80 = **45** + **35**
80 = **60** + **20**

57

58

37

H	Z	E
	3	**7**

95

H	Z	E
	9	**5**

2

H	Z	E
		2

14

H	Z	E
	1	**4**

9

H	Z	E
		9

79

H	Z	E
	7	**9**

44

H	Z	E
	4	**4**

36

H	Z	E
	3	**6**

achtundfünfzig

H	Z	E
	5	**8**

dreiundzwanzig

H	Z	E
	2	**3**

neunundsiebzig

H	Z	E
	7	**9**

neunundvierzig

H	Z	E
	4	**9**

siebzehn

H	Z	E
	1	**7**

vierundachtzig

H	Z	E
	8	**4**

siebenundneunzig

H	Z	E
	9	**7**

zweiundzwanzig

H	Z	E
	2	**2**

59 a Die Zahl heißt: **67**

b Die Zahl heißt: **44**

c Die Zahl heißt: **84**

d Die Zahl heißt: **65**

e *individuelle Lösung*

Zahlen bis 100 – Addition und Subtraktion ohne und mit Zehnerübergang

60 a

24 + 5 = **29**	53 + 6 = **59**	72 + 4 = **76**
33 + 4 = **37**	62 + 7 = **69**	91 + 8 = **99**
16 + 3 = **19**	77 + 0 = **77**	42 + 6 = **48**
55 + 4 = **59**	31 + 2 = **33**	74 + 3 = **77**

b

28 – 5 = **23**	69 – 8 = **61**	88 – 7 = **81**
54 – 3 = **51**	92 – 0 = **92**	19 – 6 = **13**
99 – 6 = **93**	37 – 4 = **33**	68 – 8 = **60**
45 – 4 = **41**	78 – 7 = **71**	16 – 6 = **10**

c

66 + 3 = **69**	16 + 3 = **19**	86 + 3 = **89**
49 – 4 = **45**	89 – 4 = **85**	46 + 3 = **49**
69 – 4 = **65**	36 + 3 = **39**	19 – 4 = **15**
29 – 4 = **25**	26 + 3 = **29**	88 + 1 = **89**

61 a

24 + 35 = **59**	53 + 26 = **79**	72 + 14 = **86**
23 + 74 = **97**	62 + 27 = **89**	81 + 18 = **99**
16 + 83 = **99**	77 + 12 = **89**	42 + 46 = **88**
45 + 54 = **99**	31 + 22 = **53**	74 + 23 = **97**

b

28 – 15 = **13**	69 – 58 = **11**	88 – 67 = **21**
54 – 23 = **31**	92 – 81 = **11**	29 – 16 = **13**
99 – 46 = **53**	37 – 24 = **13**	68 – 68 = **0**
45 – 34 = **11**	78 – 57 = **21**	96 – 82 = **14**

c			
	55 – 33 = **22**	14 + 14 = **28**	99 – 32 = **67**
	87 – 34 = **53**	13 + 83 = **96**	88 – 14 = **74**
	12 + 35 = **47**	21 + 63 = **84**	97 – 65 = **32**
	15 + 23 = **38**	42 + 52 = **94**	98 – 86 = **12**
	63 – 41 = **22**	85 – 22 = **63**	11 + 32 = **43**

62 a *Lösungsvorschlag:*

24 + 49 =	52 + 29 =	16 + 57 =
24 + **50** = **74**	**52** + **30** = **82**	**16** + **50** = **66**
74 – **1** = **73**	**82** – **1** = **81**	**66** + **7** = **73**
77 + 14 =	49 + 17 =	23 + 38 =
77 + **10** = **87**	**49** + **10** = **59**	**23** + **30** = **53**
87 + **4** = **91**	**59** + **7** = **66**	**53** + **8** = **61**
36 + 55 =	83 + 16 =	44 + 39 =
36 + **50** = **86**	**83** + **10** = **93**	**44** + **40** = **84**
86 + **5** = **91**	**93** + **6** = **99**	**84** – **1** = **83**

b			
	18 + 27 = **45**	26 + 19 = **45**	27 + 18 = **45**
	39 + 37 = **76**	19 + 57 = **76**	57 + 19 = **76**
	19 + 64 = **83**	64 + 19 = **83**	28 + 55 = **83**
	34 + 27 = **61**	28 + 33 = **61**	27 + 34 = **61**
	25 + 59 = **84**	39 + 45 = **84**	17 + 67 = **84**

Es gibt nur fünf Ergebnisse: 45, 76, 83, 61, 84.

c			
	57 + 27 = **84**	21 + 29 = **50**	96 – 24 = **72**
	86 – 31 = **55**	18 + 77 = **95**	69 – 18 = **51**
	19 + 64 = **83**	99 – 54 = **45**	78 – 55 = **23**
	13 + 64 = **77**	78 + 19 = **97**	28 + 34 = **62**

Es entsteht:

63 a *Lösungsvorschlag:*

46 – 27 =	55 – 38 =	93 – 45 =
46 – 20 = 26	**55 – 40 = 15**	**93 – 5 = 88**
26 – 7 = 19	**15 + 2 = 17**	**88 – 40 = 48**
62 – 33 =	32 – 14 =	24 – 16 =
62 – 30 = 32	**32 – 10 = 22**	**24 – 6 = 18**
32 – 3 = 29	**22 – 4 = 18**	**18 – 10 = 8**
71 – 25 =	80 – 38 =	52 – 13 =
71 – 20 = 51	**80 – 30 = 50**	**52 – 3 = 49**
51 – 5 = 46	**50 – 8 = 42**	**49 – 10 = 39**
78 – 19 =	60 – 23 =	35 – 17 =
78 – 20 = 58	**60 – 20 = 40**	**35 – 20 = 15**
58 + 1 = 59	**40 – 3 = 37**	**15 + 3 = 18**

b

19 + 27 = 46	**17** + **38** = **55**	**48** + **45** = **93**
29 + 33 = 62	**18 + 14 = 32**	**8 + 16 = 24**
46 + 25 = 71	**42 + 38 = 80**	**39 + 13 = 52**
59 + 19 = 78	**37 + 23 = 60**	**18 + 17 = 35**

64

22 + 16 = **38**	72 – 2 – 20 = **50**
35 + 29 = **64**	99 – 17 = **82**
23 + 8 + 15 = **46**	19 – 11 + 25 = **33**
93 – 11 + 15 = **97**	15 + 17 = **32**
45 + 12 = **57**	67 – 33 = **34**
90 – 24 = **66**	34 + 39 = **73**
89 – 14 + 6 = **81**	78 + 22 – 13 = **87**

65

77
37 40
20 17 23
17 3 14 9
WAU
71
42 29
34 8 21
31 3 5 16
82
57 25
41 16 9
27 14 2 7

66

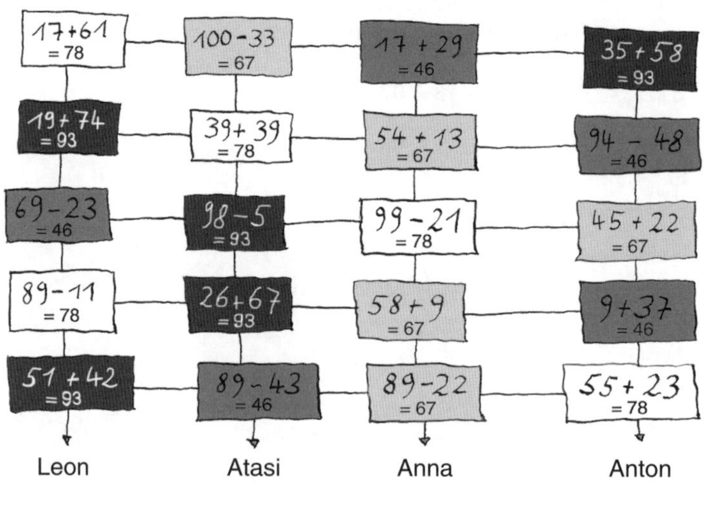
17+61 = 78
100-33 = 67
17 + 29 = 46
35+58 = 93
19+74 = 93
39+39 = 78
54 + 13 = 67
94 - 48 = 46
69-23 = 46
98-5 = 93
99-21 = 78
45 + 22 = 67
89-11 = 78
26+67 = 93
58+9 = 67
9+37 = 46
51 + 42 = 93
89 - 43 = 46
89-22 = 67
55+23 = 78
Leon
Atasi
Anna
Anton

67 a

23	**28**	21
22	24	26
27	20	25

Die Zauberzahl heißt: **72**

32	**25**	30
27	29	**31**
28	**33**	26

Die Zauberzahl heißt: **87**

b

24	17	22
19	21	23
20	25	18

c

8	**1**	**6**
3	5	**7**
4	**9**	**2**

Zahlen bis 100 – Malnehmen mit dem kleinen Einmaleins

68 **3 + 3 + 3 + 3 = 12** oder: **4 + 4 + 4 = 12**
4 · 3 = 12 oder: **3 · 4 = 12**

5 + 5 + 5 + 5 + 5 + 5 + 5 + 5 = 40 oder: **8 + 8 + 8 + 8 + 8 = 40**
8 · 5 = 40 oder: **5 · 8 = 40**

4 + 4 + 4 + 4 = 16
4 · 4 = 16

69 a

1 · 2 = **2**	1 · 5 = **5**	1 · 7 = **7**
2 · 2 = **4**	2 · 5 = **10**	2 · 7 = **14**
1 · 8 = **8**	1 · 9 = **9**	1 · 10 = **10**
2 · 8 = **16**	2 · 9 = **18**	2 · 10 = **20**
1 · 6 = **6**	1 · 3 = **3**	1 · 1 = **1**
2 · 6 = **12**	2 · 3 = **6**	2 · 1 = **2**

b

1 · 3 = **3**	1 · 5 = **5**	1 · 7 = **7**
10 · 3 = **30**	10 · 5 = **50**	10 · 7 = **70**
1 · 6 = **6**	1 · 8 = **8**	1 · 9 = **9**
10 · 6 = **60**	10 · 8 = **80**	10 · 9 = **90**
1 · 2 = **2**	1 · 4 = **4**	1 · 1 = **1**
10 · 2 = **20**	10 · 4 = **40**	10 · 1 = **10**

c

10 · 8 = **80**	10 · 7 = **70**	10 · 10 = **100**
5 · 8 = **40**	5 · 7 = **35**	5 · 10 = **50**
10 · 9 = **90**	10 · 6 = **60**	10 · 2 = **20**
5 · 9 = **45**	5 · 6 = **30**	5 · 2 = **10**
10 · 5 = **50**	10 · 4 = **40**	10 · 3 = **30**
5 · 5 = **25**	5 · 4 = **20**	5 · 3 = **15**

70

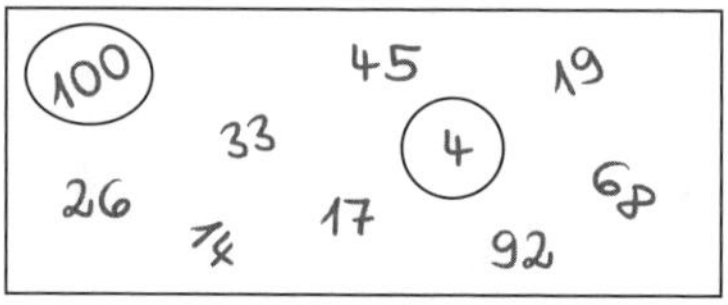

2 · 2 = 4
10 · 10 = 100

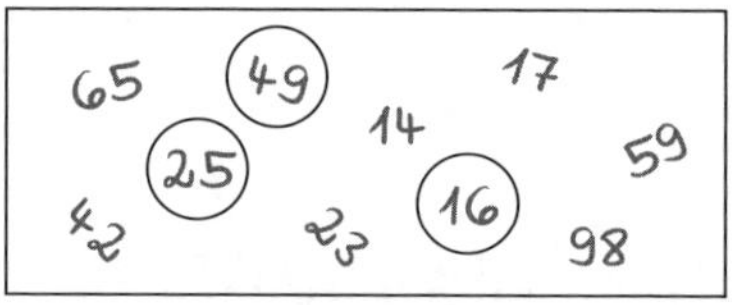

4 · 4 = 16
5 · 5 = 25
7 · 7 = 49

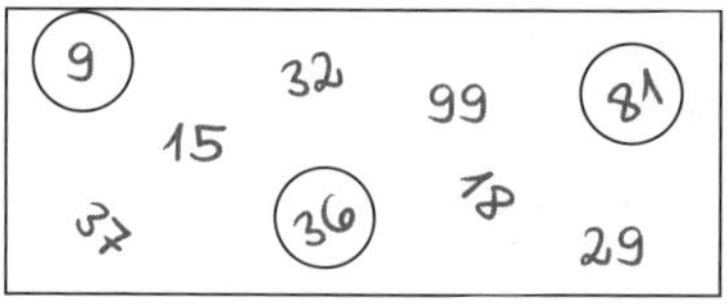

3 · 3 = 9
9 · 9 = 81
6 · 6 = 36

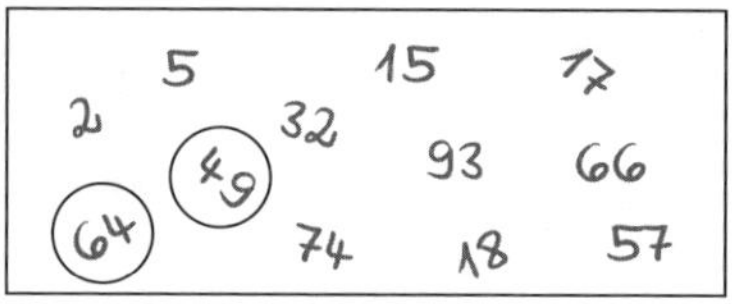

8 · 8 = 64
7 · 7 = 49

71

20
2 10
1 2 5

24
6 4
3 **2** 2

35
7 **5**
7 1 5

0
0 32
0 8 **4**

27
9 3
3 3 **1**

100
10 **10**
5 2 5

60
6 10
3 **2** 5

56
7 **8**
7 1 8

0
14 0
7 2 **0**

28
7 4
7 **1** **4**

27
3 **9**
1 3 3

16
8 2
4 2 **1**

72 a

b

*Die Zahl **63** kann auch grün oder in beiden Farben angemalt sein.*

c

*Die Zahl **48** kann auch orange oder in beiden Farben angemalt sein.*

73 **a**

1 · 4 = **4**	1 · 9 = **9**	3 · 4 = **12**	9 · 9 = **81**
3 · 9 = **27**	2 · 4 = **8**	2 · 9 = **18**	6 · 4 = **24**
5 · 4 = **20**	5 · 9 = **45**	9 · 4 = **36**	4 · 4 = **16**
4 · 9 = **36**	7 · 4 = **28**	6 · 9 = **54**	8 · 4 = **32**
8 · 9 = **72**	7 · 9 = **63**	7 · 3 = **21**	7 · 5 = **35**

b *Tauschaufgabe:* 4 · 9 = **36** 9 · 4 = **36**

74

63 = 9 · 7	45 = 5 · 9	48 = 8 · 6
63 = 7 · 9	45 = 9 · 5	48 = 6 · 8
42 = 6 · 7	14 = 2 · 7	27 = 3 · 9
42 = 7 · 6	14 = 7 · 2	27 = 9 · 3
70 = 10 · 7	15 = 3 · 5	21 = 3 · 7
70 = 7 · 10	15 = 5 · 3	21 = 7 · 3
18 = 2 · 9 *oder:*	18 = 6 · 3	
18 = 9 · 2	18 = 3 · 6	

75

3 · 5 + 5 · 5 = **8** · 5 = **40**
2 · 9 + 6 · 9 = **8** · 9 = **72**
7 · 6 + 3 · 6 = **10** · 6 = **60**
4 · 5 + 5 · 5 = 9 · 5 = **45**
5 · **4** + 3 · **4** = 8 · **4** = 32

3 · 7 + 4 · 7 = **7** · 7 = **49**
6 · 2 + 3 · 2 = **9** · 2 = **18**
4 · 6 + 3 · 6 = **7** · 6 = **42**
8 · 3 + **2** · 3 = 10 · 3 = **30**
2 · 6 + **4** · 6 = **6** · 6 = 36

4 · 3 + 5 · 3 = 27
9 · 8 – **8** · 8 = 8
3 · **6** + 4 · 6 = 42
7 · 5 + 3 · 5 = 50
6 · 5 + **1** · 5 = 35
4 · 7 + **3** · 7 = 49
9 · 4 – **0** · 4 = 36
8 · 9 – **7** · 9 = 9

10 · 3 – 7 · 3 = 3 · 3 = **9**
8 · 4 – 4 · 4 = **4** · 4 = **16**
4 · 9 – 3 · 9 = **1** · 9 = **9**
9 · 3 – **6** · 3 = **3** · 3 = 9
10 · 7 – 3 · 7 = **7** · 7 = 49

9 · 8 – 4 · 8 = **5** · 8 = **40**
7 · 2 – 5 · 2 = **2** · 2 = **4**
6 · 7 – 6 · 7 = **0** · 7 = **0**
5 · 8 – **2** · 8 = **3** · 8 = 24
4 · 2 – 2 · 2 = **2** · 2 = 4

76 a

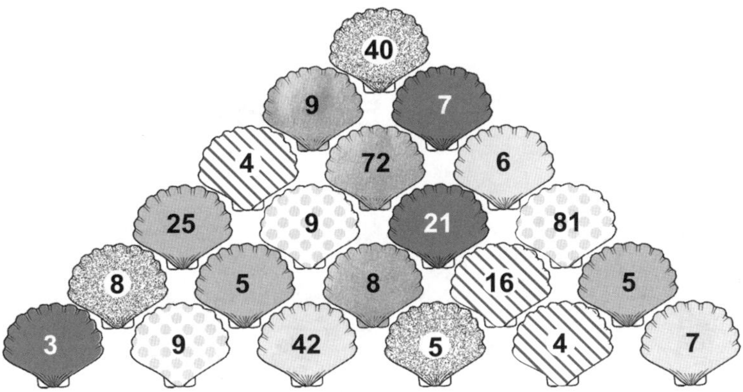

Die Aufgaben lauten:

8 · 9 = 72
5 · 8 = 40
6 · 7 = 42

5 · 5 = 25
9 · 9 = 81

3 · 7 = 21
4 · 4 = 16

b

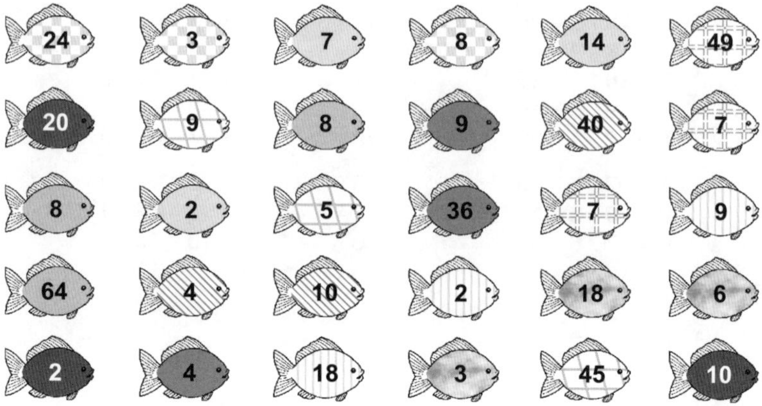

Die Aufgaben lauten:

2 · 10 = 20
3 · 8 = 24
2 · 9 = 18
4 · 9 = 36

7 · 2 = 14
3 · 6 = 18
9 · 5 = 45

7 · 7 = 49
4 · 10 = 40
8 · 8 = 64

Zahlen bis 100 – Teilen mit dem kleinen Einmaleins

77 a

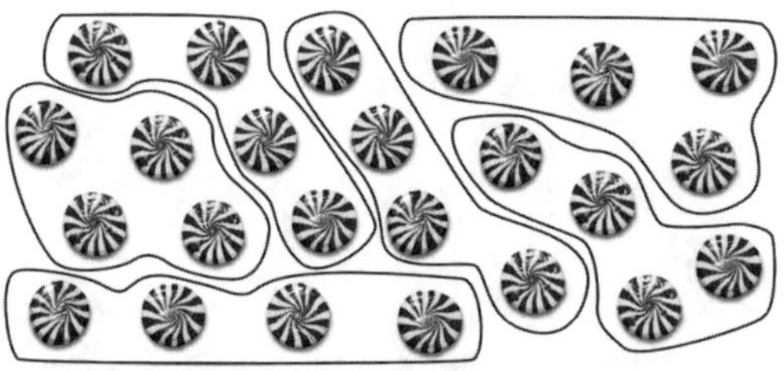

24 : **4** = **6**

b

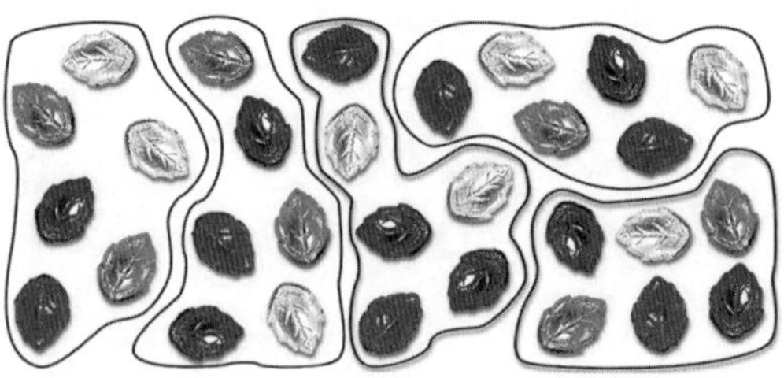

30 : **6** = **5**

c

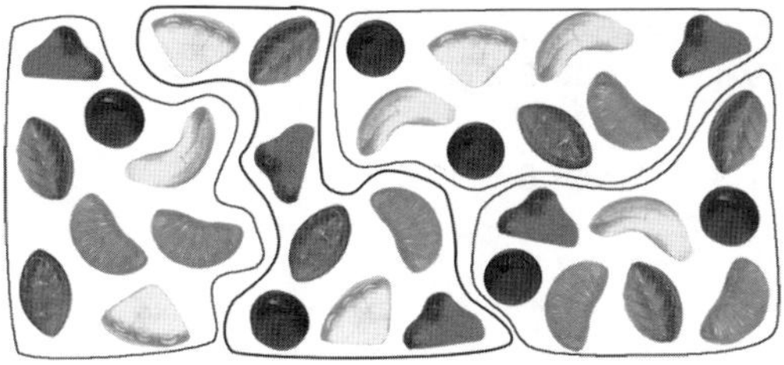

32 : 8 = 4

78

8 : 4 = 2
18 : 6 = **3**
21 : 7 = **3**
15 : 3 = **5**

15 : 5 = **3**
20 : 4 = **5**
32 : 8 = **4**
36 : 9 = **4**

79 a

50 : 5 = **10**
10 · 5 = **50**

40 : 5 = **8**
8 · 5 = **40**

50 : 10 = **5**
5 · 10 = **50**

42 : 7 = **6**
6 · 7 = **42**

21 : 3 = **7**
7 · 3 = **21**

56 : 8 = **7**
7 · 8 = **56**

32 : 4 = **8**
8 · 4 = **32**

27 : 9 = **3**
3 · 9 = **27**

18 : 6 = **3**
3 · 6 = **18**

63 : 7 = **9**
9 · 7 = **63**

72 : 9 = **8**
8 · 9 = **72**

36 : 4 = **9**
9 · 4 = **36**

b

36 : 6 = **6**
6 · 6 = **36**

49 : 7 = **7**
7 · 7 = **49**

9 : 3 = **3**
3 · 3 = **9**

25 : 5 = **5**
5 · 5 = **25**

16 : 4 = **4**
4 · 4 = **16**

81 : 9 = **9**
9 · 9 = **81**

64 : 8 = **8**
8 · 8 = **64**

4 : 2 = **2**
2 · 2 = **4**

100 : 10 = **10**
10 · 10 = **100**

80

24 : 2
20 : 2 = 10
4 : 2 = 2
24 : 2 = 12

25 : 5
20 : 5 = 4
5 : 5 = 1
25 : 5 = 5

48 : 8
40 : 8 = 5
8 : 8 = 1
48 : 8 = 6

22 : 2
20 : 2 = 10
2 : 2 = 1
22 : 2 = 11

36 : 6
30 : 6 = 5
6 : 6 = 1
36 : 6 = 6

39 : 3
30 : 3 = 10
9 : 3 = 3
39 : 3 = 13

33 : 3	77 : 7	54 : 6
30 : 3 = 10	**70 : 7 = 10**	**30 : 6 = 5**
3 : 3 = 1	**7 : 7 = 1**	**24 : 6 = 4**
33 : 3 = 11	**77 : 7 = 11**	**54 : 6 = 9**

35 : 5	28 : 4	32 : 2
30 : 5 = 6	**20 : 4 = 5**	**30 : 2 = 15**
5 : 5 = 1	**8 : 4 = 2**	**2 : 2 = 1**
35 : 5 = 7	**28 : 4 = 7**	**32 : 2 = 16**

81 a

7 / 56 / 8	63 / 9 / 7	6 / 8 / 48
7 · 8 = 56	**9 · 7 = 63**	**6 · 8 = 48**
8 · 7 = 56	**7 · 9 = 63**	**8 · 6 = 48**
56 : 8 = 7	**63 : 7 = 9**	**48 : 6 = 8**
56 : 7 = 8	**63 : 9 = 7**	**48 : 8 = 6**

8 / 9 / 72	42 / 7 / 6	9 / 5 / 45
8 · 9 = 72	**7 · 6 = 42**	**9 · 5 = 45**
9 · 8 = 72	**6 · 7 = 42**	**5 · 9 = 45**
72 : 8 = 9	**42 : 6 = 7**	**45 : 5 = 9**
72 : 9 = 8	**42 : 7 = 6**	**45 : 9 = 5**

b

6 / 9 / 54	8 / 2 / 16	4 / 7 / 28
6 · 9 = 54	**8 · 2 = 16**	**4 · 7 = 28**
9 · 6 = 54	**2 · 8 = 16**	**7 · 4 = 28**
54 : 6 = **9**	**16 : 8 = 2**	**28 : 4 = 7**
54 : 9 = 6	**16 : 2 = 8**	**28 : 7 = 4**

9 / 5 / 45	3 / 4 / 12	8 / 7 / 56
9 · 5 = 45	**3 · 4 = 12**	**8 · 7 = 56**
5 · 9 = 45	**4 · 3 = 12**	**7 · 8 = 56**
45 : 9 = 5	**12 : 3 = 4**	**56 : 8 = 7**
45 : 5 = 9	**12 : 4 = 3**	**56 : 7 = 8**

82 a

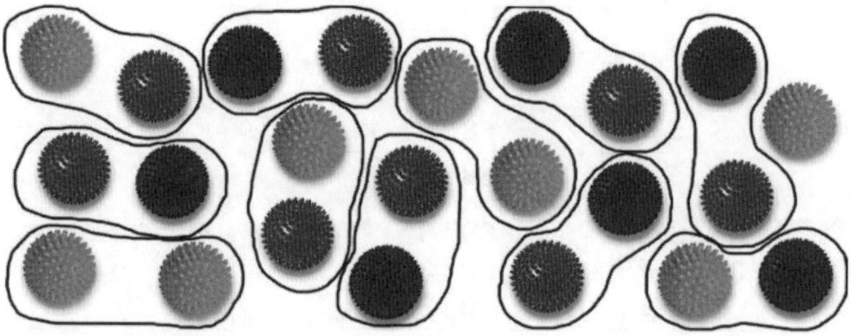

23 : 2 = **11** Rest **1**

b 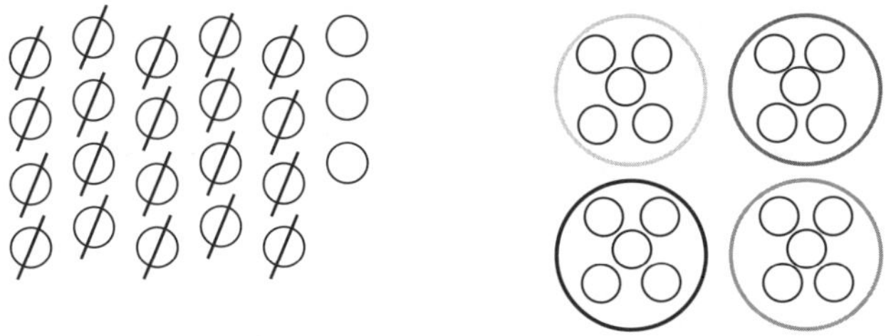

23 : 4 = **5** Rest **3**

83 21 : 5
21 : 5 = 4 R 1
4 · 5 = 20
20 + 1 = 21

45 : 7
45 : 7 = 6 R 3
6 · 7 = 42
42 + 3 = 45

57 : 7
57 : 7 = 8 R 1
8 · 7 = 56
56 + 1 = 57

83 : 9
83 : 9 = 9 R 2
9 · 9 = 81
81 + 2 = 83

28 : 3
28 : 3 = 9 R 1
9 · 3 = 27
27 + 1 = 28

47 : 5
47 : 5 = 9 R 2
9 · 5 = 45
45 + 2 = 47

17 : 2
17 : 2 = 8 R 1
8 · 2 = 16
16 + 1 = 17

19 : 6
19 : 6 = 3 R 1
3 · 6 = 18
18 + 1 = 19

22 : 5
22 : 5 = 4 R 2
4 · 5 = 20
20 + 2 = 22

65 : 8
65 : 8 = 8 R 1
8 · 8 = 64
64 + 1 = 65

37 : 6
37 : 6 = 6 R 1
6 · 6 = 36
36 + 1 = 37

49 : 5
49 : 5 = 9 R 4
9 · 5 = 45
45 + 4 = 49

31 : 6
31 : 6 = 5 R 1
5 · 6 = 30
30 + 1 = 31

59 : 7
59 : 7 = 8 R 3
8 · 7 = 56
56 + 3 = 59

38 : 5
38 : 5 = 7 R 3
7 · 5 = 35
35 + 3 = 38

58 : 8
58 : 8 = 7 R 2
7 · 8 = 56
56 + 2 = 58

75 : 9
75 : 9 = 8 R 3
8 · 9 = 72
72 + 3 = 75

37 : 4
37 : 4 = 9 R 1
9 · 4 = 36
36 + 1 = 37

55 : 6
55 : 6 = 9 R 1
9 · 6 = 54
54 + 1 = 55

25 : 3
25 : 3 = 8 R 1
8 · 3 = 24
24 + 1 = 25

26 : 9
26 : 9 = 2 R 8
2 · 9 = 18
18 + 8 = 26

84

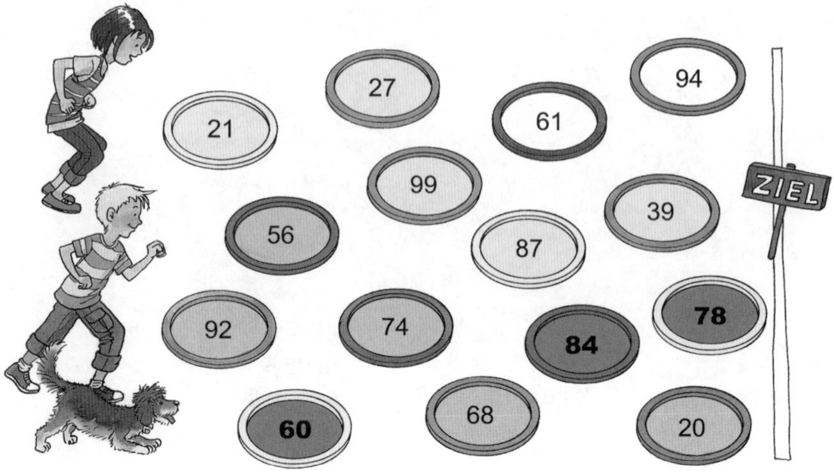

85

Start	· 4		− 16		: 2	ZIEL
7	→	28	→	12	→	6
5	→	20	→	4	→	2
9	→	36	→	20	→	10
8	→	32	→	16	→	8

Zahlen bis 1 000 – Zahlen darstellen und ordnen

86

Anna:	□□|||||○○	**252**
Leon:	□□□|○○○○○	**315**
Adriano:	□□□□□||○○○	**523**
Lea:	□□□□|||○○○○○○○○	**438**
Anton:	□□□□□□○○○○	**604**
Jule:	□□□|||||||	**370**

87

				H	Z	E
□□□□|○○○○○	**4 H 1 Z 5 E**	**415**	**vierhundertfünfzehn**	**4**	**1**	**5**
□□□□□□□||||○○	7 H 4 Z 2 E	**742**	**siebenhundertzweiundvierzig**	**7**	**4**	**2**
□□□□□□○○○○○○○	**6 H 7 E**	607	**sechshundertsieben**	**6**	**0**	**7**
□□□□□|○○○	**5 H 1 Z 3 E**	**513**	fünfhundertdreizehn	**5**	**1**	**3**
□□□□□□□□|||||	**8 H 5 Z**	**850**	**achthundertfünfzig**	8	5	0
□□□□□□□□□||||||○	9 H 6 Z 1 E	**961**	**neunhunderteinundsechzig**	**9**	**6**	**1**
□□□□□□□○○○○○○○○○	**7 H 9 E**	**709**	siebenhundertneun	**7**	**0**	**9**
□□|||||○○○○○○○○	**2 H 5 Z 8 E**	**258**	**zweihundertachtundfünfzig**	**2**	**5**	**8**

88

301						gelb		**309**	
			314						
					336				
blau									
		rot			lila				
	372								orange
							388		
				grün					400

89 a A: 610, B: **630**, C: **670**, D: **680**, E: **720**, F: **740**
b G: **601**, H: **603**, I: **606**, J: **608**, K: **610**, L: **614**
c M: 300, N: **320**, O: 350, P: **360**, Q: **390**, R: **410**, S: **440**
d T: **50**, U: **200**, V: **350**, W: **500**, X: **700**, Y: **850**, Z: **1000**

90

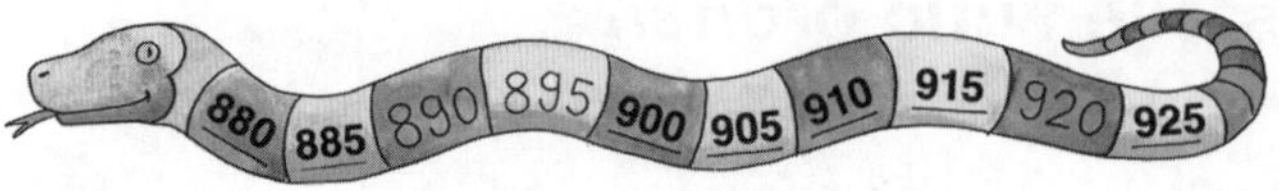

91 371 (<) 486 507 (<) 570 261 (>) 162 498 (<) 948

3H 6Z 4E (=) 6Z 4E 3H 3Z 7E (<) 3H 7Z

3E 2H 9Z (>) 9E 2H 3H 4E 8Z (>) 3H 4Z 8E

92

a **306** 307 **308** **498** 499 **500** **279** 280 **281**
445 446 **447** **799** 800 **801** **208** 209 **210**

b **330** 332 **340** **580** 581 **590** **630** 637 **640**
490 496 **500** **360** 370 **380** **200** 209 **210**

c **500** 572 **600** **200** 238 **300** **600** 699 **700**
400 407 **500** **0** 93 **100** **600** 700 **800**

93 a **238 < 283 < 328 < 382 < 823 < 832**

H	Z	E
8	**3**	**2**

b **409 < 490 < 904 < 940**

H	Z	E
9	**4**	**0**

c Leon hat gewonnen, denn 940 ist größer als 832.

94 a *3E 3 · 2Z = 6Z 3 · 3H = 9H*
Seine Zahl heißt: **963**

b *Sie kann 158, 185, 518, 581, 815 und 851 bilden. Nur 815 liegt zwischen 800 und 850.*
Ihre Zahl heißt: **815**

c *Die größte dreistellige Zahl ist 999. Sie hat aber 3 gleiche Ziffern. Verändere also die Zehner- und Einerstelle jeweils um 1.*
Seine Zahl heißt: **987**

d **Jule: 851**

95 a 250, 260, 270, **280**, **290**, **300**, **310**, **320**
b 500, 550, 600, **650**, **700**, **750**, **800**, **850**
c 130, 160, 190, **220**, **250**, **280**, **310**, **340**
d 780, 760, 740, **720**, **700**, **680**, **660**, **640**
e 1 000, 940, 880, **820**, **760**, **700**, **640**, **580**

Zahlen bis 1 000 – Halbschriftlich rechnen

96 *Es müssen jeweils nur zwei Lösungswege angegeben werden.*

485 + 271 = **756**

400 + 200 = 600
80 + 70 = 150
5 + 1 = 6
756

485 + 1 = 486
486 + 70 = 556
556 + 200 = 756

485 + 200 = 685
685 + 80 = 765
765 – 9 = 756

608 + 375 = **983**

600 + 300 = 900
0 + 70 = 70
8 + 5 = 13
983

608 + 5 = 613
613 + 70 = 683
683 + 300 = 983

608 + 300 = 908
908 + 80 = 988
988 − 5 = 983

268 + 571 = **839**

200 + 500 = 700
60 + 70 = 130
8 + 1 = 9
839

268 + 1 = 269
269 + 70 = 339
339 + 500 = 839

268 + 500 = 768
768 + 80 = 848
848 − 9 = 839

362 + 490 = **852**

300 + 400 = 700
60 + 90 = 150
2 + 0 = 2
852

362 + 0 = 362
362 + 90 = 452
452 + 400 = 852

362 + 400 = 762
762 + 90 = 852
852 − 0 = 852

511 + 293 = **804**

500 + 200 = 700
10 + 90 = 100
1 + 3 = 4
804

511 + 3 = 514
514 + 90 = 604
604 + 200 = 804

511 + 200 = 711
711 + 100 = 811
811 − 7 = 804

107 + 668 = **775**

100 + 600 = 700　**107 + 8 = 115**
0 + 60 = 60　**115 + 60 = 175**
7 + 8 = 15　**175 + 600 = 775**
775

107 + 600 = 707
707 + 70 = 777
777 − 2 = 775

97 651 − 218 = **433**

651 − 8 = 643　**651 − 200 = 451**
643 − 10 = 633　**451 − 20 = 431**
633 − 200 = 433　**431 + 2 = 433**

529 − 264 = **265**

529 − 4 = 525　**529 − 200 = 329**
525 − 60 = 465　**329 − 70 = 259**
465 − 200 = 265　**259 + 6 = 265**

845 − 379 = **466**

845 − 9 = 836　**845 − 300 = 545**
836 − 70 = 766　**545 − 80 = 465**
766 − 300 = 466　**465 + 1 = 466**

720 − 432 = **288**

720 − 2 = 718　**720 − 400 = 320**
718 − 30 = 688　**320 − 40 = 280**
688 − 400 = 288　**280 + 8 = 288**

609 − 385 = **224**

609 − 5 = 604　**609 − 300 = 309**
604 − 80 = 524　**309 − 90 = 219**
524 − 300 = 224　**219 + 5 = 224**

914 − 506 = **408**

914 − 6 = 908　**914 − 500 = 414**
908 − 0 = 908　**414 − 10 = 404**
908 − 500 = 408　**404 + 4 = 408**

423 − 172 = **251**
423 − 2 = 421
421 − 70 = 351
351 − 100 = 251

423 − 100 = 323
323 − 80 = 243
243 + 8 = 251

894 − 638 = **256**
894 − 8 = 886
886 − 30 = 856
856 − 600 = 256

894 − 600 = 294
294 − 40 = 254
254 + 2 = 256

764 − 351 = **413**
764 − 1 = 763
763 − 50 = 713
713 − 300 = 413

764 − 300 = 464
464 − 60 = 404
404 + 9 = 413

630 − 357 = **273**
630 − 7 = 623
623 − 50 = 573
573 − 300 = 273

630 − 300 = 330
330 − 60 = 270
270 + 3 = 273

Zahlen bis 1000 – Ergänzen auf 1000

98 364 + **6** + **30** + **600** = 1000, also 364 + **636** = 1000
328 + **2** + **70** + **600** = 1000, also 328 + **672** = 1000
432 + **8** + **60** + **500** = 1000, also 432 + **568** = 1000
725 + **5** + **70** + **200** = 1000, also 725 + **275** = 1000
247 + **3** + **50** + **700** = 1000, also 247 + **753** = 1000
602 + **8** + **90** + **300** = 1000, also 602 + **398** = 1000

99 637 + **363** = 1000
328 + **672** = 1000
464 + **536** = 1000
560 + **440** = 1000
802 + **198** = 1000
419 + **581** = 1000

107 + **893** = 1000
583 + **417** = 1000
759 + **241** = 1000
921 + **79** = 1000
83 + **917** = 1000
368 + **632** = 1000

Zahlen bis 1000 – Runden von Zahlen

100

175 ~ **180**	347 ~ **350**	371 ~ **370**	906 ~ **910**
555 ~ **560**	739 ~ **740**	603 ~ **600**	609 ~ **610**
327 ~ **330**	658 ~ **660**	832 ~ **830**	574 ~ **570**
959 ~ **960**	441 ~ **440**	266 ~ **270**	498 ~ **500**

101

948 ~ **900**	347 ~ **300**	371 ~ **400**	684 ~ **700**
555 ~ **600**	739 ~ **700**	603 ~ **600**	906 ~ **900**
283 ~ **300**	475 ~ **500**	839 ~ **800**	750 ~ **800**
541 ~ **500**	163 ~ **200**	252 ~ **300**	498 ~ **500**

102

a	472 ~ 470	~~739 ~ 730~~ **739 ~ 740**	~~603 ~ 613~~ **603 ~ 600**	~~906 ~ 900~~ **906 ~ 910**
	788 ~ 790	384 ~ 380	~~266 ~ 260~~ **266 ~ 270**	568 ~ 570
b	~~551 ~ 500~~ **551 ~ 600**	699 ~ 700	216 ~ 200	401 ~ 400
	382 ~ 400	~~249 ~ 300~~ **249 ~ 200**	738 ~ 700	~~769 ~ 700~~ **769 ~ 800**

103

a ~ 670 können die Zahlen **665** bis **674** sein.
~ 120 können die Zahlen **115** bis **124** sein.

b ~ 700 können die Zahlen **650** bis **749** sein.
~ 200 können die Zahlen **150** bis **249** sein.

Zahlen bis 1 000 – Schriftlich addieren ohne Übertrag

104 a In der einen Hälfte sind **135** Kängurus.

b In der anderen Hälfte sind **343** Kängurus.

c

	H	Z	E
	□	|||	○○○○○
+	□□□	||||	○○○
	□□□□	|||||||	○○○○○○○○

	H	Z	E
	1	3	5
+	3	4	3
	4	**7**	**8**

105

	H	Z	E
	2	1	1
+	5	3	8
	7	**4**	**9**

	H	Z	E
	3	2	4
+	4	7	0
	7	**9**	**4**

	H	Z	E
	5	7	1
+	4	1	7
	9	**8**	**8**

	H	Z	E
	4	2	6
+	2	0	1
	6	**2**	**7**

106

	4	**3**	**6**
+		**4**	**1**
	4	**7**	**7**

	2	**5**	**7**
+	**3**	**1**	**2**
	5	**6**	**9**

	5	**1**	**1**
+		**8**	**2**
	5	**9**	**3**

	3	**2**	**1**
+	**4**	**3**	**8**
	7	**5**	**9**

Zahlen bis 1 000 – Schriftlich addieren mit Übertrag

107

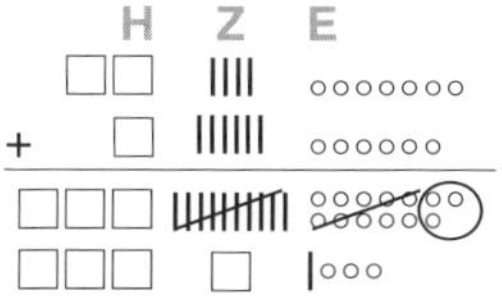

	H	Z	E
	2	4	7
+	1_1	6_1	6
	4	**1**	**3**

108

	H	Z	E		H	Z	E		H	Z	E		H	Z	E
	3	4	2		2	6	7		3	7	9		1	9	9
+	1	4_1	9	+	4	2_1	8	+	5	1_1	7	+	3_1	8_1	7
	4	**9**	**1**		**6**	**9**	**5**		**8**	**9**	**6**		**5**	**8**	**6**

109

	2	1	4		4	5	3		1	8	9		6	5	3
	3	1	7		1	4	6		2	1	9		1	0	2
+	1	2_1	2	+	2_1	1_1	4	+	1_1	3_2	2	+	2	3	3
	6	**5**	**3**		**8**	**1**	**3**		**5**	**4**	**0**		**9**	**8**	**8**

110

a

	3	5	7		**3**	**5**	**7**	**Hier wurde nicht auf die richtige Stellenwertschreibung geachtet: Einer unter Einer!**
+	2	3		**+**		**2_1**	**3**	
	5	8	7		**3**	**8**	**0**	

b

	7	5	0		**7**	**5**	**0**	**Hier wurde die Gemerkt-Zahl 1 bei den Hundertern vergessen.**
+	1	9	2	**+**	**1_1**	**9**	**2**	
	8	4	2		**9**	**4**	**2**	

c

	4	1	9		**4**	**1**	**9**	**Die Gemerkt-Zahl bei den Zehnern ist 2.**
	1	2	4		**1**	**2**	**4**	
+	2	3	9	**+**	**2**	**3_2**	**9**	
	7	7	2		**7**	**8**	**2**	

111

	2	**1**	**6**		**3**	**7**	**2**		**5**	**9**	**9**
+		**7_1**	**5**	**+**	**1**	**0_1**	**8**	**+**	**$_1$**	**3_1**	**2**
	2	**9**	**1**		**4**	**8**	**0**		**6**	**3**	**1**

$$\begin{array}{r} 173 \\ 76 \\ +\ 2_1 0_1 9 \\ \hline 458 \end{array} \qquad \begin{array}{r} 338 \\ 13 \\ +\ 1\,1_1 8 \\ \hline 469 \end{array} \qquad \begin{array}{r} 98 \\ 145 \\ +\ 4_1 3_2 9 \\ \hline 682 \end{array}$$

112

$$\begin{array}{r} 327 \\ +\ 450 \\ \hline 777 \end{array} \qquad \begin{array}{r} 509 \\ +\ 4_1 9 \\ \hline 558 \end{array} \qquad \begin{array}{r} 267 \\ +\ 712 \\ \hline 979 \end{array} \qquad \begin{array}{r} 399 \\ +\ 6_1 0_1 1 \\ \hline 1000 \end{array}$$

$$\begin{array}{r} 216 \\ +\ 632 \\ \hline 848 \end{array} \qquad \begin{array}{r} 568 \\ +\ 420 \\ \hline 988 \end{array} \qquad \begin{array}{r} 369 \\ +\ 6\,1_1 5 \\ \hline 984 \end{array} \qquad \begin{array}{r} 448 \\ +\ 3\,0_1 9 \\ \hline 757 \end{array}$$

$$\begin{array}{r} 208 \\ +\ 5_1 9_1 8 \\ \hline 806 \end{array} \qquad \begin{array}{r} 270 \\ +\ 2_1 3\,9 \\ \hline 509 \end{array} \qquad \begin{array}{r} 419 \\ +\ 3_1 9_1 9 \\ \hline 818 \end{array} \qquad \begin{array}{r} 814 \\ +\ {}_1 9_1 8 \\ \hline 912 \end{array}$$

$$\begin{array}{r} 281 \\ +\ 1\,0_1 9 \\ \hline 390 \end{array} \qquad \begin{array}{r} 530 \\ +\ 259 \\ \hline 789 \end{array} \qquad \begin{array}{r} 217 \\ +\ 4_1 8_1 5 \\ \hline 702 \end{array} \qquad \begin{array}{r} 438 \\ +\ 210 \\ \hline 648 \end{array}$$

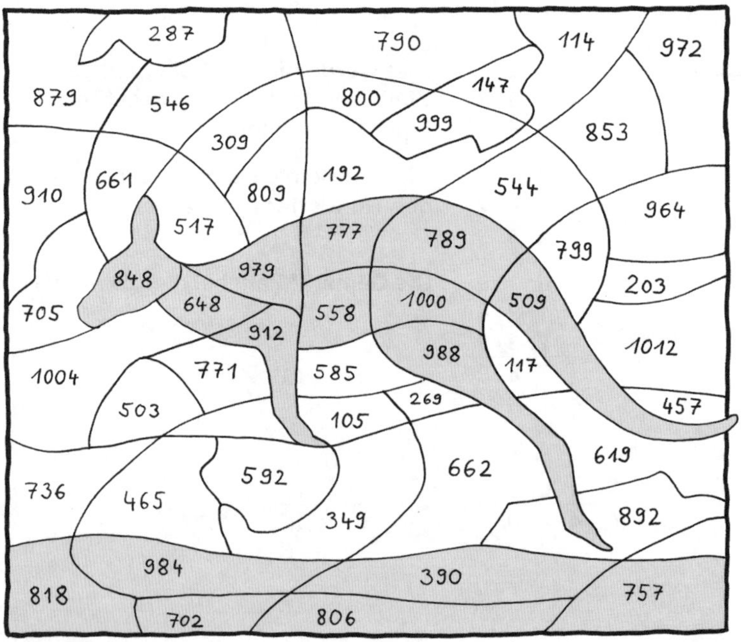

113 a **32 + 97 = 129**
Die Zahl heißt: **129**

b **8 + 8 = 16**
512 + 16 = 528
Die Zahl heißt: **528**

114

6 2 4	5 2 **1**	**7** 4 5	**5** 5 **2**
+ 1 **4** 2	+ **4** 4 8	+ 1$_1$ 6 **2**	+ 3 4 7
7 6 **6**	9 **6** 9	9 **0** 7	8 **9** 9

115

1 5	3 0	1 5
+ 1$_1$ 5	+ 3 0	3 0
3 0	6 0	+$_1$ 6 0
		1 0 5

Sie hat **15** blaue, **30** grüne und **60** rote Murmeln.

Zahlen bis 1000 – Schriftlich subtrahieren ohne Übertrag

116 a

H Z E	H Z E	H Z E	H Z E
7 5 7	8 6 2	7 9 4	5 3 6
− 5 4 2	− 7 2 1	− 4 7 0	− 3 0 5
2 1 5	**1 4 1**	**3 2 4**	**2 3 1**

H Z E	H Z E	H Z E	H Z E
6 4 9	9 2 5	4 5 1	3 8 7
− 5 2 5	− 6 1 4	− 2 3 0	− 1 6 4
1 2 4	**3 1 1**	**2 2 1**	**2 2 3**

b

6 4 8	5 0 7	7 8 4	6 8 9	4 9 7
− 4 2 5	− 2 0 4	− 5 7 1	− 2 5 3	− 1 7 1
2 2 3	**3 0 3**	**2 1 3**	**4 3 6**	**3 2 6**

5 6 9	9 7 6	4 8 3	8 2 9	5 4 8
− 3 1 5	− 6 2 5	− 1 6 1	− 4 0 6	− 2 2 3
2 5 4	**3 5 1**	**3 2 2**	**4 2 3**	**3 2 5**

3 5 1	8 2 9	5 3 1	7 9 8	5 0 8
− 2 1 0	− 4 1 6	− 1 2 1	− 4 7 3	− 1 0 3
1 4 1	**4 1 3**	**4 1 0**	**3 2 5**	**4 0 5**

Zahlen bis 1000 – Schriftlich subtrahieren mit Übertrag

117

H Z E	H Z E	H Z E
5 $6_{\mid}$ 3	$7_{\mid}$ 2 6	8 $5_{\mid}$ 2
− 3 4 6	− 2 6 1	− 3 4 4
2 1 7	**4 6 5**	**5 0 8**

H Z E	H Z E	H Z E
9 $7_{\mid}$ 1	$4_{\mid}$ $3_{\mid}$ 2	$3_{\mid}$ 3 7
− 7 4 5	− 5 9	− 1 8 1
2 2 6	**3 7 3**	**1 5 6**

118

$6_{\mid}$ 1 5	**$7_{\mid}$ $3_{\mid}$ 2**	**$8_{\mid}$ $4_{\mid}$ 6**	**$9_{\mid}$ $4_{\mid}$ 2**
− 3 6 2	**− 8 4**	**− 5 9 8**	**− 7 4 7**
2 5 3	**6 4 8**	**2 4 8**	**1 9 5**

119

H Z E	
$8_{\mid}$ $0_{\mid}$ 0	**0** E – **2** E geht nicht! Ich muss **eins entbündeln.** Dann rechne ich **10** minus **2** gleich **8**, **8** an.
− 5 7 2	**0** minus **1** minus **7** geht nicht, **eins entbündeln.**
2 2 8	**10** minus **1** minus **7** gleich **2**, **2** an. **8** minus **1** minus **5** gleich **2**, **2** an.

120

6ı 8 9	3 8ı 6	7ı 0ı 4	9ı 5ı 7	7ı 4ı 2
− 5 9 3	− 1 5 8	− 4 8 6	− 6 8 9	− 3 8 6
9 6	**2 2 8**	**2 1 8**	**2 6 8**	**3 5 6**

6ı 0ı 2	7ı 8ı 0	8ı 2ı 4	5ı 6ı 7	3ı 1 2
− 3 7 4	− 5 9 6	− 5 5 7	− 1 9 8	− 1 9 1
2 2 8	**1 8 4**	**2 6 7**	**3 6 9**	**1 2 1**

121 a

5ı 0ı 1	7ı 1ı 4	6ı 0ı 0	8ı 1ı 3
− 2 6 4	− 3 6 7	− 4 7 1	− 6 9
2 3 7 ✓	~~4 5 3~~	1 2 9 ✓	~~1 2 3~~
	3 4 7		**7 4 4**

9ı 5 7	7 9ı 3	9ı 0ı 5	5 9ı 1
− 4 9 2	− 5 6 7	− 2 5 7	− 2 5 3
4 6 5 ✓	2 ~~3~~ 6	6 4 8 ✓	3 ~~4~~ 8
	2		**3**

6ı 4ı 5	8ı 0ı 7
− 2 9 8	− 2 0 9
3 4 7 ✓	~~6 0~~ 8
	5 9

b 2. Rechnung: Falsche Rechenrichtung, zweimal wurde von unten nach oben gerechnet.
4. Rechnung: Die Zahlen wurden falsch untereinandergeschrieben.
6. und 8. Rechnung: Es wurde nicht notiert, dass 1 Z entbündelt wurde.
10. Rechnung: Die entbündelten H und Z wurden nicht notiert.

122 a *„Abziehen“ heißt: Rechne minus.*

6ı 2 9
− 4 8 7
1 4 2

Die Zauberzahl heißt: **142**

b

7ı 6 9	**2 7ı 6**
− 4 9 3	**− 1 4 7**
2 7 6	**1 2 9**

Die Zauberzahl heißt: **129**

123

$$\begin{array}{r} 5\,6\,3 \\ -\,2\,3\,1 \\ \hline 3\,3\,2 \end{array}$$

Antwort: **Roberts Freund muss noch 332 Seiten lesen.**

124

gelesene Seiten	+	lesen heute	+	lesen morgen	=	gesamt gelesen
Buchseiten gesamt	–	gelesene Seiten	=	übrige Seiten		
175	+	40	+	**40**	=	**255**
368	–	**255**	=	**113**		

Antwort:
Nein, das stimmt nicht. Robert hat noch mehr als 100 Seiten zu lesen.

125

40	+	**27**	=	**67**
+		–		+
16	–	**4**	=	12
=		=		=
56	+	23	=	**79**

44	–	**5**	=	39
–		+		–
12	+	**9**	=	**21**
=		=		=
32	–	**14**	=	18

126

$$\begin{array}{r} 1_{1}\,5\,0 \\ -\quad 7\,0 \\ \hline 8\,0 \end{array} \qquad \begin{array}{r} 8\,0 \\ +_{1}\,2\,0 \\ \hline 1\,0\,0 \end{array} \qquad \begin{array}{r} 1\,4\,0 \\ -\,1\,0\,0 \\ \hline 4\,0 \end{array}$$

◆ = **80** ❋ = **40**

Das Einmaleins – Verdoppeln, Kernaufgaben und Nachbaraufgaben

127

1 · 4 = 4	2 · 4 = **8**	5 · 4 = 20	10 · 4 = **40**
1 · 5 = 5	2 · 5 = **10**	5 · 5 = **25**	10 · 5 = **50**
1 · 6 = **6**	2 · 6 = **12**	5 · 6 = **30**	10 · 6 = **60**
1 · 7 = **7**	2 · 7 = **14**	5 · 7 = **35**	10 · 7 = **70**
1 · 8 = **8**	2 · 8 = **16**	5 · 8 = **40**	10 · 8 = **80**
1 · 9 = 9	**2 · 9 = 18**	**5 · 9 = 45**	**10 · 9 = 90**
1 · 10 = 10	**2 · 10 = 20**	**5 · 10 = 50**	**10 · 10 = 100**

128

a	1 · 4 = 4	2 · 4 = **8**	3 · 4 = 12	4 · 4 = **16**
b	3 · 5 = 15	4 · 5 = **20**	5 · 5 = **25**	6 · 5 = **30**
c	1 · 10 = 10	**2 · 10 = 20**	**3 · 10 = 30**	**4 · 10 = 40**
d	5 · 7 = **35**	**6 · 7 = 42**	**7 · 7 = 49**	**8 · 7 = 56**
e	**3 · 6 = 18**	4 · 6 = **24**	**5 · 6 = 30**	**6 · 6 = 36**
f	**1 · 2 = 2**	**2 · 2 = 4**	3 · 2 = **6**	**4 · 2 = 8**
g	**5 · 3 = 15**	6 · 3 = **18**	**7 · 3 = 21**	**8 · 3 = 24**
h	5 · 8 = **40**	**6 · 8 = 48**	**7 · 8 = 56**	**8 · 8 = 64**
i	**5 · 2 = 10**	**6 · 2 = 12**	**7 · 2 = 14**	8 · 2 = **16**
j	**6 · 1 = 6**	7 · 1 = **7**	**8 · 1 = 8**	**9 · 1 = 9**

Das Einmaleins – Tauschaufgaben und Umkehraufgaben

129

2 · 5 = 10	10 : *5* = **2**	6 · 8 = 48	48 : **8** = **6**
5 · 2 = 10	10 : *2* = **5**	**8 · 6 = 48**	48 : **6** = **8**
7 · 4 = **28**	**28 : 4 = 7**	9 · 8 = **72**	**72 : 8 = 9**
4 · 7 = 28	**28 : 7 = 4**	**8 · 9 = 72**	**72 : 9 = 8**

130

a	b	c	d
2 · 8 = 16	7 · 2 = 14	**3** · 9 = 27	4 · **8** = 32
16 : 8 = 2	14 : 2 = 7	27 : 9 = **3**	32 : **8** = 4
8 · 2 = 16	2 · 7 = 14	9 · **3** = 27	**8** · 4 = 32
16 : 2 = 8	14 : 7 = 2	27 : **3** = 9	32 : 4 = **8**

Das Einmaleins – Teiler, Primzahlen und Vielfache

131 a 10 : **1** = **10** 10 : **2** = **5** 10 : **5** = 2 10 : **10** = 1
Die Teiler von 10 heißen: **1, 2, 5, 10**

b **18 : 1 = 18 18 : 2 = 9 18 : 3 = 6 18 : 6 = 3 18 : 9 = 2 18 : 18 = 1**
Die Teiler von 18 heißen: **1, 2, 3, 6, 9, 18**

132 a 1 4 (**8**) 10 (**16**) 23 (**40**) 53 (**80**) (**88**)

b *Lösungsvorschlag:*
6, 12, 18, 24, 30

133 *Lösungsvorschlag:*
1, 2, 3, 5, **7, 11, 13, 17, 19, 23**

Das Einmaleins – Multiplizieren und Dividieren mit Vielfachen von 10

134 Rechnung: **10 · 25 = 250**
Antwort: **An einem Tag werden 250 Croissants gebacken.**

135

36 · 10 = **360**	100 · 4 = **400**	3 · 100 = **300**
99 · 10 = **990**	11 · 10 = **110**	92 · 10 = **920**
9 · 100 = **900**	86 · 10 = **860**	28 · 10 = **280**
10 · 100 = **1000**	2 · 100 = **200**	44 · 10 = **440**

136 Rechnung: **150 : 10 = 15**
Antwort: **An einem Tag werden 15 Bleche Baguettes gebacken.**

137

990 : 10 = **99**	630 : 10 = **63**	200 : 10 = **20**
800 : 10 = **80**	500 : 100 = **5**	600 : 100 = **6**
150 : 10 = **15**	900 : 100 = **9**	510 : 10 = **51**
200 : 100 = **2**	900 : 10 = **90**	100 : 10 = **10**

Übrig bleibt die Zahl: **7**

138

180 —(: 60)→ **3**; 180 —(: *10*)→ *18*; *18* —(: *6*)→ **3**

360 —(: 90)→ **4**; 360 —(: **10**)→ **36**; **36** —(: **9**)→ **4**

240 —(: 40)→ **6**; 240 —(: **10**)→ **24**; **24** —(: **4**)→ **6**

3 —(· 4)→ **12**; 3 —(· 40)→ **120**; **12** —(· 10)→ **120**

7 —(· 6)→ **42**; 7 —(· **60**)→ **420**; **42** —(· **10**)→ **420**

5 —(· 8)→ **40**; 5 —(· **80**)→ **400**; **40** —(· **10**)→ **400**

139

·	10	20	30	40	50	60	70	80	90	100
1	**10**	**20**	**30**	**40**	**50**	**60**	**70**	**80**	**90**	**100**
2	**20**	**40**	**60**	**80**	**100**	**120**	**140**	**160**	**180**	**200**
3	**30**	**60**	**90**	**120**	**150**	**180**	**210**	**240**	**270**	**300**
4	**40**	**80**	**120**	**160**	**200**	**240**	**280**	**320**	**360**	**400**
5	**50**	**100**	**150**	**200**	**250**	**300**	**350**	**400**	**450**	**500**
6	**60**	**120**	**180**	**240**	**300**	**360**	**420**	**480**	**540**	**600**
7	**70**	**140**	**210**	**280**	**350**	**420**	**490**	**560**	**630**	**700**
8	**80**	**160**	**240**	**320**	**400**	**480**	**560**	**640**	**720**	**800**
9	**90**	**180**	**270**	**360**	**450**	**540**	**630**	**720**	**810**	**900**
10	**100**	**200**	**300**	**400**	**500**	**600**	**700**	**800**	**900**	**1000**

140

540 : 60	360 : 9	4 · 70	3 · 80	8 · 70
9 · 60	9 · 40	280 : 4	240 : 3	560 : 8
60 · 9	40 · 9	280 : 70	240 : 80	560 : 70
540 : 9	360 : 90	70 · 4	80 · 3	70 · 8
7 · 90	720 : 80	40 · 8	480 : 6	5 · 70
90 · 7	9 · 80	8 · 40	480 : 80	350 : 7
630 : 7	80 · 9	320 : 40	80 · 6	350 : 50
630 : 90	720 : 9	320 : 8	60 · 8	70 · 5
6 · 70				
70 · 6				
420 : 70				
420 : 6				

Das Einmaleins – Dividieren mit Rest

141 Rechnung: **33 : 9 = 3 R 6**
Antwort: **Es können 3 Schachteln ganz gefüllt werden.**
6 Croissants bleiben übrig.

142

24 : 8 = *3*	25 : 5 = **5**	72 : 9 = **9**
29 : 8 = *3 R5*	28 : 5 = **5 R 3**	80 : 9 = **9 R 8**
42 : 7 = 6	**27 : 9 = 3**	**16 : 8 = 2**
47 : 7 = **6 R 5**	33 : 9 = **3 R 6**	23 : 8 = **2 R 7**
25 : 5 = 5	**36 : 4 = 9**	**20 : 2 = 10**
29 : 5 = **5 R 4**	39 : 4 = **9 R 3**	21 : 2 = **10 R 1**
48 : 8 = 6	**24 : 6 = 4**	**18 : 3 = 6**
53 : 8 = **6 R 5**	26 : 6 = **4 R 2**	20 : 3 = **6 R 2**

143

131 : 3 = **43 R 2**	134 : 6 = **22 R 2**	129 : 4 = **32 R 1**
120 : 3 = *40*	120 : 6 = **20**	**120 : 4 = 30**
9 : 3 = *3*	12 : 6 = **2**	**8 : 4 = 2**
Rest = *2*	Rest = **2**	**Rest = 1**

513 : 5 = **102 R 3**
500 : 5 = 100
10 : 5 = 2
Rest = 3

677 : 8 = **84 R 5**
640 : 8 = 80
32 : 8 = 4
Rest = 5

647 : 7 = **92 R 3**
630 : 7 = 90
14 : 7 = 2
Rest = 3

Zahlen bis 1000 – Gemischte Aufgaben

144 250 + 50 (**<**) 350 – 40
300 **310**

730 – 50 (**=**) 610 + 70
680 **680**

263 + 40 (**=**) 373 – 70
303 **303**

459 – 90 (**>**) 307 + 50
369 **357**

526 – 40 – 9 (**<**) 395 + 80 + 3
477 **478**

521 – 318 (**<**) 842 – 637
203 **205**

145 234 + 3 · 4 = **246**
879 – 5 · 4 = **859**
4 · 60 + 28 = **268**
3 · 9 + 8 · 2 + 500 = **543**
420 + 9 · 6 – 3 · 8 = **450**

67 + 5 · 50 = **317**
365 – 7 · 9 = **302**
847 – 7 · 3 = **826**
850 – 7 · 5 – 4 · 4 = **799**
6 · 8 + 240 – 2 · 9 = **270**

503 + 7 · 8 = **559**
489 – 3 · 6 = **471**
551 + 8 · 5 = **591**
7 · 40 + 89 = **369**
238 – 7 · 9 = **175**

146 120 : 6 = **20**
12 : 6 = **2**

630 : 7 = **90**
63 : 7 = **9**

300 : 6 = **50**
30 : 6 = **5**

270 : 9 = **30**
27 : 9 = 3

150 : 3 = **50**
15 : 3 = 5

120 : 2 = **60**
12 : 2 = 6

450 : 9 = **50**
30 · 5 = **150**
420 : 7 = **60**
420 : 60 = **7**

810 : 90 = **9**
6 · 70 = **420**
180 : 2 = **90**
80 · 2 = **160**

640 : 80 = **8**
9 · 30 = **270**
210 : 30 = **7**

Welches Ergebnis erhältst du?
60 + 80 + 220 + 14 = **374**

Zahlen bis 1 000 000 – Zahlen kennenlernen

147 a

T	H	Z	E
4	**3**	**7**	**3**

b

ZT	T	H	Z	E
3	**4**	**5**	**4**	**4**

c

HT	ZT	T	H	Z	E
2	**4**	**2**	**7**	**5**	**1**

d

M	HT	ZT	T	H	Z	E
3	**4**	**3**	**3**	**2**	**5**	**3**

148

	M	HT	ZT	T	H	Z	E
a	5	3	4	5	8	0	2
b	3	8	2	7	4	2	1
c	1	6	8	4	2	5	4
d	8	3	3	3	9	1	0
e	2	4	0	9	0	1	7
f	4	0	7	6	4	8	1
g		9	9	4	7	0	4
h	5	3	3	7	8	4	4
i		7	0	0	9	4	4
j	8	0	0	2	0	0	9
k	2	9	0	4	0	8	3

149 a Welches ist die höchste Zahl? **987 543**
b Welches ist die kleinste Zahl? **345 789**
c Welche Zahl ist es? **498 753**

150 5 000, 5 100, **5 200**, **5 300**, **5 400**, **5 500**, **5 600**, **5 700**, **5 800**, 5 900, 6 000
7 200, 7 300, **7 400**, **7 500**, **7 600**, **7 700**, **7 800**, **7 900**, **8 000**
6 100, 6 200, **6 300**, **6 400**, **6 500**, **6 600**, **6 700**, **6 800**, **6 900**, **7 000**
9 300, 9 400, **9 500**, **9 600**, **9 700**, **9 800**, **9 900**, **10 000**

151 327 900, 327 910, **327 920**, **327 930**, **327 940**, **327 950**, **327 960**, **327 970**, **327 980**, **327 990**, 328 000
684 930, 684 940, **684 950**, **684 960**, **684 970**, **684 980**, **684 990**, **685 000**
999 920, 999 930, **999 940**, **999 950**, **999 960**, **999 970**, **999 980**, **999 990**, **1 000 000**
469 950, 469 960, **469 970**, **469 980**, **469 990**, **470 000**

Zahlen bis 1 000 000 – Vergleichen und runden

152 a

456 128	<	516 892
843 865	>	682 197
399 999	<	400 000
201 102	<	202 001
578 540	=	578 540

b

950 000 – 5	>	900 000
800 000 + 10	=	800 010
650 000 – 1	=	649 999
900 000 + 50	<	900 500
650 000 – 3	>	649 977

153 a

9 000	9 465	10 000
7 000	7 278	**8 000**
2 000	2 041	**3 000**

16 000	16 765	**17 000**
86 000	86 159	**87 000**
32 000	32 204	**33 000**

b

80 000	87 315	90 000
60 000	61 763	**70 000**
90 000	91 401	**100 000**

970 000	975 851	**980 000**
360 000	360 512	**370 000**
560 000	564 782	**570 000**

c

600 000	645 536	700 000
100 000	138 642	**200 000**
800 000	805 261	**900 000**

200 000	206 891	**300 000**
400 000	487 605	**500 000**
900 000	961 500	**1 000 000**

154 a
250 + **750** = 1 000
875 + **125** = 1 000
425 + **575** = 1 000
550 + **450** = 1 000
625 + **375** = 1 000
398 + **602** = 1 000

b
250 000 + **750 000** = 1 000 000
875 000 + **125 000** = 1 000 000
425 000 + **575 000** = 1 000 000
550 000 + **450 000** = 1 000 000
625 000 + **375 000** = 1 000 000
398 000 + **602 000** = 1 000 000

Die eingesetzten Zahlen unterscheiden sich nur in der Anzahl der Nullen.

155

a	750 + **250** = 1 000	68 750 + **250** = 69 000
b	854 + **146** = 1 000	23 854 + **146** = 24 000
c	368 + **632** = 1 000	43 368 + **632** = 44 000
d	628 + **372** = 1 000	16 628 + **372** = 17 000
e	197 + **803** = 1 000	77 197 + **803** = 78 000
f	282 + **718** = 1 000	85 282 + **718** = 86 000
g	458 + **542** = 1 000	89 458 + **542** = 90 000
h	112 + **888** = 1 000	52 112 + **888** = 53 000

Die ergänzten Zahlen sind in einer Teilaufgabe immer gleich, da die Hunderter-, Zehner- und Einerstelle auch gleich ist.

Zahlen bis 1 000 000 – Plus- und Minusrechnen

156

a	1682	2476	8364	3924
	$+\ 6_1 5_1 4\ 7$	$+\ 6\ 0_1 8_1 5$	$+\ 3_1 6_1 9_1 7$	$+\ 1_1 6_1 9_1 8$
	8229	8561	12061	5622
b	6085	3456	8349	2987
	$+\ 4\ 3_1 8_1 6$	$+\ 4_1 8\ 4\ 3$	$+\ 1\ 3_1 6_1 4$	$+\ 3_1 9_1 5\ 1$
	10471	8299	9713	6938
c	$2_l 7_l 6_l 1$	$7\ 4_l 1_l 9$	$8_l 3_l 5\ 9$	$5\ 8\ 9_l 1$
	$-\ 1863$	$-\ 1063$	$-\ 4666$	$-\ 3878$
	898	6356	3693	2013
d	$8_l 6_l 2\ 4$	$6_l 3\ 8_l 1$	$7_l 3_l 5\ 7$	$4_l 0\ 9\ 8$
	$-\ 2934$	$-\ 2763$	$-\ 4683$	$-\ 3964$
	5690	3618	2674	134

157 485 632 + 1 = 485 633; 485 633 + 10 = 485 643; 485 643 + 100 = 485 743;
485 743 + 1 000 = 486 743; 486 743 + 10 000 = 496 743;
496 743 + 100 000 = **596 743**

284 637 + 1 = 284 638; 284 638 + 10 = 284 648; 284 648 + 100 = 284 748;
284 748 + 1 000 = 285 748; 285 748 + 10 000 = 295 748;
295 748 + 100 000 = **395 748**

164 164 + 1 = 164 165; 164 165 + 10 = 164 175; 164 175 + 100 = 164 275;
164 275 + 1 000 = 165 275; 165 275 + 10 000 = 175 275;
175 275 + 100 000 = **275 275**

874 634 + 1 = 874 635; 874 635 + 10 = 874 645; 874 645 + 100 = 874 745;
874 745 + 1 000 = 875 745; 875 745 + 10 000 = 885 745;
885 745 + 100 000 = **985 745**

Versuche die Zahl zu finden, die zu 878 878 führt!
Hier muss man nur von jeder einzelnen Ziffer 1 abziehen. Die Zahl lautet dann 767 767.

158 a

4 + 5	**= 9**
140 + 50	= 190
4 000 + 5 000	= 9 000
4 600 + 5 000	= 9 600
400 + 500	= 900
40 000 + 50 000	= 90 000
400 000 + 500 000	= 900 000
304 000 + 5 000	= 309 000
24 000 + 5 000	= 29 000

16 – 9	**= 7**
1 600 – 900	= 700
160 000 – 90 000	= 70 000
8 160 – 90	= 8 070
66 000 – 9 000	= 57 000
11 600 – 900	= 10 700
716 000 – 9 000	= 707 000
460 000 – 90 000	= 370 000
160 – 90	= 70

Die erste Aufgabe taucht in den weiteren Aufgaben an anderen Stellenwerten wieder auf.

b *Lösungsvorschlag:*

7 + 2	
70 + 20	= 90
700 + 200	= 900
7 000 + 2 000	= 9 000
2 700 + 200	= 2 900
157 000 + 2 000	= 159 000
43 700 + 200	= 43 900
527 000 + 2 000	= 529 000

12 – 4	**= 8**
120 – 40	= 80
1 200 – 400	= 800
6 200 – 400	= 5 800
234 120 – 40	= 234 080
123 200 – 400	= 122 800
120 000 – 40 000	= 80 000
312 000 – 4 000	= 308 000

159 a

7 8 0
+ $_1$ 9$_1$ 7 3
1 7 5 3

Tipp: Denke an den Übertrag (die kleine 1); schreibe sie unter die nächste Stelle.

3 6 0 7
+ 3 9 2
3 9 9 9

Tipp: Achte darauf, dass auch die Einer wirklich unter den Einern, die Zehner unter den Zehnern usw. stehen.

b

9$_1$ 7$_1$ 5
– 6 9 6
2 7 9

Tipp: Achte darauf, dass du die untere von der oberen Zahl abziehst.

9$_1$ 7$_1$ 5
– 6 9 6
2 7 9

Tipp: Vergiss den Übertrag nicht.

160

9 2 7 **3**
+$_1$ 8 **3**$_1$ 6 5
1 7 6 **3** 8

2 **3** **7** 4
+ **7** 2 0 3
9 5 **7** **7**

8 0 4 2
+$_1$ 9 2 **3** **7**
1 7 **2** 7 9

5 9 2 **8**
+ $_1$ 6 3$_1$ 7
6 **5** **6** 5

2 3 **4** **5** 5
+$_1$ **8** 3$_1$ 9 2 **0**
1 0 **7** 3 7 5

7 7 **2** 9 **3**
+$_1$ 4$_1$ **7** 0$_1$ 2$_1$ 8
1 **2** 4 3 **2** 1

8$_1$ **3** 6 5
– 3 9 4 **0**
4 4 2 5

7$_1$ 2$_1$ **0** 3
– 4 8 2 **3**
2 **3** 8 0

9$_1$ **0** **7** 7
– 1 4 0 **3**
7 6 7 4

3 **9** 4 7 5
– 2 0 **3** 1
3 7 4 4 **4**

1 0 3 **7** 4
– **9** 2 1 1
1 **1** 6 **3**

9 8 **4** **5** 6
– 8 0 2 3 4
1 8 2 2 **2**

161 a

$$\begin{array}{r} 1\ 8\ 3\ 7\ 6 \\ +\ 4_{1}9\ 5\ 4\ 0\ 3 \\ \hline 5\ 1\ 3\ 7\ 7\ 9 \end{array} \qquad \begin{array}{r} 6_{|}0_{|}0_{|}0_{|}0_{|}0 \\ -\ 5\ 1\ 3\ 7\ 7\ 9 \\ \hline 8\ 6\ 2\ 2\ 1 \end{array}$$

b

$$\begin{array}{r} 8_{|}4\ 9_{|}3_{|}8_{|}4 \\ -\ 2\ 8\ 4\ 3\ 9\ 5 \\ \hline 5\ 6\ 4\ 9\ 8\ 9 \end{array} \qquad \begin{array}{r} 5\ 6\ 4\ 9\ 8\ 9 \\ +\ _{1}\ 6_{1}8_{1}3_{1}9_{1}4 \\ \hline 6\ 3\ 3\ 3\ 8\ 3 \end{array}$$

162 a größte ungerade vierstellige Zahl: 9 999; kleinste fünfstellige Zahl: 10 000

$$\begin{array}{r} 1\ 0\ 0\ 0\ 0 \\ +\ \ 9\ 9\ 9\ 9 \\ \hline 1\ 9\ 9\ 9\ 9 \end{array}$$

b größte ungerade sechsstellige Zahl: 999 999

$$\begin{array}{r} 9\ 9\ 9\ 9\ 9\ 9 \\ -\ \ 8\ 4\ 4\ 8\ 5 \\ \hline 9\ 1\ 5\ 5\ 1\ 4 \end{array}$$

c

$$\begin{array}{r} 9\ 5\ 4\ 2\ 1 \\ +\ _{1}\ _{1}4_{1}6_{1}8_{1}9 \\ \hline 1\ 0\ 0\ 1\ 1\ 0 \end{array}$$

163 a

$$\begin{array}{r} 1\ 3\ 4\ 7\ 8 \\ +\ 3\ 1\ 7\ 8\ 4 \\ \hline 4\ 5\ 2\ 6\ 2 \end{array}$$

b

$$\begin{array}{r} 8\ 7_{|}3_{|}4_{|}1 \\ -\ 1\ 3\ 4\ 7\ 8 \\ \hline 7\ 3\ 8\ 6\ 3 \end{array}$$

c

$$\begin{array}{r} 4_{|}3_{|}1\ 7\ 8 \\ -\ 3\ 4\ 8\ 1\ 7 \\ \hline 8\ 3\ 6\ 1 \end{array}$$

d

$$\begin{array}{r} 8\ 1\ 7\ 3\ 4 \\ +\ 1\ 8\ 3\ 4\ 7 \\ \hline 1\ 0\ 0\ 0\ 8\ 1 \end{array}$$

e

$$\begin{array}{r} 4\ 8_{|}1_{|}3\ 7 \\ -\ 1\ 7\ 8\ 4\ 2 \\ \hline 3\ 0\ 2\ 9\ 5 \end{array}$$

Zahlen bis 1 000 000 – Zahlenspiele

164 a

$$\begin{array}{rrrrr} 8_{1}2_{1}2\,8 & 6_{1}1_{1}1\,6 & 5_{1}4_{1}4\,5 & 6_{1}4_{1}4\,6 & 9_{1}7_{1}7\,9 \\ -\,2\,8\,8\,2 & -\,1\,6\,6\,1 & -\,4\,5\,5\,4 & -\,4\,6\,6\,4 & -\,7\,9\,9\,7 \\ \hline 5\,3\,4\,6 & 4\,4\,5\,5 & 8\,9\,1 & 1\,7\,8\,2 & 1\,7\,8\,2 \end{array}$$

b *Lösungsvorschläge:*

$$\begin{array}{rrrrr} 9_{1}1_{1}1\,9 & 8_{1}1_{1}1\,8 & 9_{1}3_{1}3\,9 & 7_{1}2_{1}2\,7 & 6_{1}2_{1}2\,6 \\ -\,1\,9\,9\,1 & -\,1\,8\,8\,1 & -\,3\,9\,9\,3 & -\,2\,7\,7\,2 & -\,2\,6\,6\,2 \\ \hline 7\,1\,2\,8 & 6\,2\,3\,7 & 5\,3\,4\,6 & 4\,4\,5\,5 & 3\,5\,6\,4 \end{array}$$

$$\begin{array}{rrrrr} 9_{1}0_{1}0\,9 & 6_{1}3_{1}3\,6 & 8_{1}5_{1}5\,8 & 4_{1}2_{1}2\,4 & 3_{1}2_{1}2\,3 \\ -\,0\,9\,9\,0 & -\,3\,6\,6\,3 & -\,5\,8\,8\,5 & -\,2\,4\,4\,2 & -\,2\,3\,3\,2 \\ \hline 8\,0\,1\,9 & 2\,6\,7\,3 & 2\,6\,7\,3 & 1\,7\,8\,2 & 8\,9\,1 \end{array}$$

c 2 673 = **5 225 – 2 552** 5 346 = **7 117 – 1 771**

165 a *Lösungsvorschläge:*

$$\begin{array}{rrrr} 8_{1}6_{1}3_{1}4_{1}2 & 9_{1}7_{1}3_{1}6_{1}1 & 6_{1}9_{1}3_{1}5_{1}2 & 9_{1}8_{1}5_{1}7_{1}0 \\ -\,2\,6\,3\,4\,8 & -\,1\,7\,3\,6\,9 & -\,2\,9\,3\,5\,6 & -\,0\,8\,5\,7\,9 \\ \hline 5\,9\,9\,9\,4 & 7\,9\,9\,9\,2 & 3\,9\,9\,9\,6 & 8\,9\,9\,9\,1 \end{array}$$

$$\begin{array}{rrrr} 7_{1}2_{1}5_{1}1_{1}6 & 8_{1}4_{1}3_{1}6_{1}1 & 6_{1}2_{1}8_{1}3_{1}4 & 8_{1}3_{1}5_{1}9_{1}5 \\ -\,6\,2\,5\,1\,7 & -\,1\,4\,3\,6\,8 & -\,4\,2\,8\,3\,6 & -\,5\,3\,5\,9\,8 \\ \hline 9\,9\,9\,9 & 6\,9\,9\,9\,3 & 1\,9\,9\,9\,8 & 2\,9\,9\,9\,7 \end{array}$$

b *Lösungsvorschläge:*
69 993 = **86 371 – 16 378** 49 995 = **84 923 – 34 928**

166 a *Lösungsvorschläge:*
264 254, 947 917, 925 965, 632 682, 271 281, 532 572
Wichtig ist, dass Ziffern immer dann gleich sind, wenn auch die Buchstaben im Wort gleich sind.

b *Lösungsvorschlag:*

$$\begin{array}{rr} 1\,3\,2\,1\,5\,2 & 3\,7\,5\,3\,1\,5 \\ +\,1\,4\,2\,1\,3\,2 & +\,2\,1\,4\,2\,6\,4 \\ \hline 2\,7\,4\,2\,8\,4 & 5\,8\,9\,5\,7\,9 \end{array}$$

Hier kannst du alle HIPHOP-Zahlen miteinander addieren, nur darf das Ergebnis bei der Addition der einzelnen Ziffern nie größer als 9 sein.

167 a

$8_1 3\,8_1 3$	$6_1 4\,6_1 4$	$9_1 1\,9_1 1$	$5_1 4\,5_1 4$	$7_1 2\,7_1 2$
− 3 8 3 8	− 4 6 4 6	− 1 9 1 9	− 4 5 4 5	− 2 7 2 7
4 5 4 5	1 8 1 8	7 2 7 2	9 0 9	4 5 4 5

b *Lösungsvorschläge:*

$9_1 0\,9_1 0$	$8_1 1\,8_1 1$	$4_1 3\,4_1 3$	$8_1 3\,8_1 3$	$7_1 4\,7_1 4$
− 0 9 0 9	− 1 8 1 8	− 3 4 3 4	− 3 8 3 8	− 4 7 4 7
8 1 8 1	6 3 6 3	9 0 9	4 5 4 5	2 7 2 7

$8_1 2\,8_1 2$	$5_1 3\,5_1 3$	$6_1 2\,6_1 2$	$7_1 6\,7_1 6$	$6_1 4\,6_1 4$
− 2 8 2 8	− 3 5 3 5	− 2 6 2 6	− 6 7 6 7	− 4 6 4 6
5 4 5 4	1 8 1 8	3 6 3 6	9 0 9	1 8 1 8

c *Lösungsvorschläge:*

$2_1 0\,2_1 0$	$8_1 4\,8_1 4$
− 0 2 0 2	− 4 8 4 8
1 8 1 8	3 6 3 6

168 *individuelle Lösung*

Zahlen bis 1 000 000 – Malnehmen

169

•	**4**	7	6	**5**
2	8	**14**	12	**10**
3	**12**	**21**	**18**	15
8	32	**56**	48	**40**
9	**36**	63	**54**	45

•	2	9	**10**	**0**
3	6	27	**30**	0
8	**16**	**72**	80	**0**
6	**12**	**54**	**60**	0
7	**14**	63	70	**0**

170 a

5 · 7 = **35**	
5 · 70 = **350**	50 · 7 = **350**
5 · 700 = **3 500**	500 · 7 = **3 500**
5 · 7 000 = **35 000**	5 000 · 7 = **35 000**
5 · 70 000 = **350 000**	50 000 · 7 = **350 000**

b 6 · 3 = **18**
6 · 30 = **180**
6 · 300 = **1 800**
6 · 3 000 = **18 000**
6 · 30 000 = **180 000**

60 · 3 = **180**
600 · 3 = **1 800**
6 000 · 3 = **18 000**
60 000 · 3 = **180 000**

Die Ergebnisse der Aufgaben sind sich ganz ähnlich. Wenn ich die Aufgabe des kleinen Einmaleins gelöst habe, brauche ich nur noch so viele Nullen an das Ergebnis zu hängen, wie es Nullen in der Aufgabe gibt.

171

24	240	2 400	24 000
1 · 24	**1 · 240**	**3 · 800**	**3 · 8 000**
2 · 12	**2 · 120**	**300 · 8**	**3 000 · 8**
3 · 8	**3 · 80**	**30 · 80**	**300 · 80**
4 · 6	**4 · 60**	**2 · 1 200**	**30 · 800**
6 · 4	**10 · 24**	**200 · 12**	**4 · 6 000**
8 · 3	**20 · 12**	**4 · 600**	**6 · 4 000**
12 · 2	**30 · 8**	**400 · 6**	**60 · 400**
24 · 1	**40 · 6**	**40 · 60**	**600 · 40**

172 a 6 · 200 = **1 200**
6 · 50 = **300**
6 · 4 = **24**
6 · 254 = **1 524**

6 · 250 = **1 500**
6 · 54 = **324**
6 · 204 = **1 224**

b 4 · 800 = **3 200**
4 · 30 = **120**
4 · 4 = **16**
4 · 834 = **3 336**

4 · 830 = **3 320**
4 · 34 = **136**
4 · 804 = **3 216**

c 5 · 900 = **4 500**
5 · 70 = **350**
5 · 5 = **25**
5 · 975 = **4 875**

5 · 970 = **4 850**
5 · 75 = **375**
5 · 905 = **4 525**

d 3 · 600 = **1 800**
3 · 80 = **240**
3 · 9 = **27**
3 · 689 = **2 067**

3 · 680 = **2 040**
3 · 89 = **267**
3 · 609 = **1 827**

173 a 9 · 6 543 = **58 887** 2 · 9 257 = **18 514**
6 · 7 346 = **44 076** 3 · 4 682 = **14 046**

b 5 · 2 647 = **13 235** 7 · 9 753 = **68 271**
4 · 2 678 = **10 712** 8 · 3 697 = **29 576**

c 6 · 3 215 = **19 290** 8 · 1 648 = **13 184**
3 · 6 857 = **20 571** 4 · 5 632 = **22 528**

174 a 15 · 365 = **5 475** 86 · 574 = **49 364**
53 · 924 = **48 972** 93 · 439 = **40 827**

b 48 · 8 426 = **404 448** 37 · 6 312 = **233 544**
67 · 3 849 = **257 883** 59 · 4 391 = **259 069**

c 163 · 641 = **104 483** 279 · 718 = **200 322**
861 · 2 795 = **2 406 495** 786 · 5 761 = **4 528 146**

Zahlen bis 1 000 000 – Schriftliches Malnehmen

175

a	684 · 3 = 2052	357 · 7 = 2499	963 · 5 = 4815	741 · 9 = 6669
b	852 · 2 = 1704	987 · 4 = 3948	654 · 6 = 3924	321 · 8 = 2568
c	9513 · 2 = 19026	7846 · 5 = 39230	3249 · 8 = 25992	4677 · 7 = 32739
d	5491 · 3 = 16473	6833 · 7 = 47831	8966 · 9 = 80694	3855 · 4 = 15420
e	48275 · 4 = 193100	8424672 · 3 = 25274016	2721092 · 3 = 8163276	

176

6 4 8 · 4 2 5 9 2	Tipp: Schreibe die Einer hin, aber vergiss nicht, dir die Zehner zu merken und diese zum nächsten Ergebnis dazuzurechnen.
6 4 8 · 4 2 5 9 2	Tipp: Schreibe die Zehner nicht einfach hin, sondern rechne sie zum nächsten Ergebnis dazu.
6 4 8 · 4 2 5 9 2	Tipp: Beginne deine Rechnung immer mit den Einern.

177

a

9 8 4 · 5 5	6 5 1 · 2 4	3 2 4 · 9 5	7 5 6 · 6 1
4 9 2 0 0	1 3 0 2 0	2 9 1 6 0	4 5 3 6 0
$_1$4 9 2 0	2 6 0 4	$_1$1 6 2 0	$_1$7$_1$5 6
5 4 1 2 0	1 5 6 2 4	3 0 7 8 0	4 6 1 1 6

b

7 4 1 · 8 2	8 5 2 · 3 7	9 6 3 2 · 4 5	2 6 8 4 · 5 1
5 9 2 8 0	2 5 5 6 0	3 8 5 2 8 0	1 3 4 2 0 0
$_1$1 4$_1$8 2	$_1$5$_1$9$_1$6 4	$_1$4$_1$8 1$_1$6 0	2 6 8 4
6 0 7 6 2	3 1 5 2 4	4 3 3 4 4 0	1 3 6 8 8 4

c

1 5 9 6 · 1 8	3 5 7 9 · 2 9	7 5 3 8 · 3 6	6 8 4 2 · 7 3
1 5 9 6 0	7 1 5 8 0	2 2 6 1 4 0	4 7 8 9 4 0
1 2$_1$7$_1$6 8	$_1$3 2 2 1 1	4$_1$5 2 2 8	2 0$_1$5 2 6
2 8 7 2 8	1 0 3 7 9 1	2 7 1 3 6 8	4 9 9 4 6 6

178

6 4 8 · 4 1 2 5 9 2 0 $_1$6 4 8 2 6 5 6 8	Tipp: Achte darauf, dass du die Ergebnisse immer genau unter der Zahl aufschreibst, mit der du gerade multiplizierst.
6 4 8 · 4 1 2 5 9 2 0 $_1$6 4 8 2 6 5 6 8	Tipp: Achte darauf, dass du die Ergebnisse immer unter der Zahl aufschreibst, mit der du multiplizierst, und denke daran, die Null unter die Einer zu schreiben, wenn du mit den Zehnern multiplizierst.
6 4 8 · 4 1 2 5 9 2 0 $_1$6 4 8 2 6 5 6 8	Tipp: Hier wurde erst mit 10 multipliziert und dann mit 4. Die Zehner und Einer wurden miteinander vertauscht.

179 a

3 5 7 · 9
3 **2** 1 3

8 6 3 · 7
6 0 4 1

5 8 2 · 3
1 7 **4** 6

b

9 **2** 8 · 4 4
3 7 1 **2** **0**
3 7 1 2
4 0 **8** 3 2

8 2 1 · **5** 7
4 **1** 0 5 **0**
5 7 4 **7**
4 6 **7** 9 7

2 8 7 · 7 3
2 **0** 0 9 **0**
8 **6** 1
2 0 **9** 5 1

180

9 **4** 9 3 · 2 **0** 3
1 8 9 8 6
0 0 0 0
$_1$**2**$_1$8$_1$**4** 7 9
1 **9** 2 7 0 **7** **9**

2 **8** 3 7 · 9 **2** 1
2 5 **5** 3 3
5 **6** **7** 4
$_1$ $_1$2$_1$8 3 **7**
2 **6** 1 2 8 **7** 7

7 4 6 2 · **4** **0** 7
2 9 8 4 8
0 **0** 0 **0** 0
$_1$ $_1$5 **2**$_1$2 **3** 4
3 **0** 3 7 0 3 4

181 a

2 4 · 2 5
4 8 0
1 2 0
6 0 0

Hier musst du einfach ausprobieren. 10 · 10 ist 100, das ist zu klein; 20 · 20 ergibt 400, das passt besser. Bei 30 · 30 erhältst du 900, das ist zu viel. Die beiden Zahlen müssen also zwischen 20 und 30 liegen.

b

5 6 · 5 7
2 8 0 0
$_1$3 9 2
3 1 9 2

182

Anzahl Kisten:	11 · 12 = 132
Anzahl Säcke:	132 · 10 = 1 320
Anzahl Beutel:	1 320 · 9 = 11 880
Anzahl Goldstücke:	11 880 · 8 = 95 040
in Euro:	95 040 · 14 € = 1 330 560 €

Zahlen bis 1 000 000 – Teilen

183

24 : 6 = **4**	81 : 9 = **9**	63 : 7 = **9**
240 : 6 = **40**	810 : 9 = **90**	630 : 7 = **90**
2 400 : 6 = **400**	8 100 : 9 = **900**	6 300 : 7 = **900**
24 000 : 6 = **4 000**	81 000 : 9 = **9 000**	63 000 : 7 = **9 000**
240 000 : 6 = **40 000**	810 000 : 9 = **90 000**	630 000 : 7 = **90 000**

184 a

20 000 : 4 = **5 000**	8 100 : 9 = **900**	180 000 : 2 = **90 000**
20 : 4 = 5	**81 : 9 = 9**	**18 : 2 = 9**
35 000 : 5 = **7 000**	4 000 : 8 = **500**	420 000 : 7 = **60 000**
35 : 5 = 7	**40 : 8 = 5**	**42 : 7 = 6**
32 000 : 8 = **4 000**	2 700 : 3 = **900**	480 000 : 6 = **80 000**
32 : 8 = 4	**27 : 3 = 9**	**48 : 6 = 8**
72 000 : 8 = **9 000**	1 500 : 3 = **500**	540 000 : 9 = **60 000**
72 : 8 = 9	**15 : 3 = 5**	**54 : 9 = 6**
44 000 : 4 = **11 000**	2 400 : 6 = **400**	720 000 : 8 = **90 000**
44 : 4 = 11	**24 : 6 = 4**	**72 : 8 = 9**

b

270 000 : 9 = **30 000**	49 000 : 7 = **7 000**	6 400 : 8 = **800**
27 : 9 = 3	**49 : 7 = 7**	**64 : 8 = 8**
200 000 : 4 = **50 000**	18 000 : 6 = **3 000**	2 400 : 3 = **800**
20 : 4 = 5	**18 : 6 = 3**	**24 : 3 = 8**
140 000 : 2 = **70 000**	56 000 : 8 = **7 000**	6 300 : 7 = **900**
14 : 2 = 7	**56 : 8 = 7**	**63 : 7 = 9**
400 000 : 5 = **80 000**	45 000 : 9 = **5 000**	4 800 : 8 = **600**
40 : 5 = 8	**45 : 9 = 5**	**48 : 8 = 6**

185 a

30 : 3 = **10**	60 : 4 = **15**	70 : 5 = **14**
300 : 3 = **100**	400 : 4 = **100**	500 : 5 = **100**
3 000 : 3 = **1 000**	6 000 : 4 = **1 500**	3 000 : 5 = **600**
3 330 : 3 = **1 110**	6 460 : 4 = **1 615**	3 570 : 5 = **714**

b

480 : 6 = **80**	4 : 4 = **1**	8 : 8 = **1**
6 : 6 = **1**	200 : 4 = **50**	400 : 8 = **50**
4 800 : 6 = **800**	1 000 : 4 = **250**	6 000 : 8 = **750**
4 806 : 6 = **801**	1 204 : 4 = **301**	6 408 : 8 = **801**

c	8 : 2 = **4**	44 : 4 = **11**	8 : 8 = **1**
	150 : 2 = **75**	200 : 4 = **50**	640 : 8 = **80**
	1 500 : 2 = **750**	2 000 : 4 = **500**	6 440 : 8 = **805**
	1 508 : 2 = **754**	2 244 : 4 = **561**	7 088 : 8 = **886**

186 24 000 : 5 000 = **4 R 4 000**
45 000 : 6 000 = **7 R 3 000**
48 000 : 9 000 = **5 R 3 000**
39 000 : 4 000 = **9 R 3 000**
32 000 : 7 000 = **4 R 4 000**
63 000 : 8 000 = **7 R 7 000**
160 000 : 30 000 = **5 R 10 000**
750 000 : 20 000 = **37 R 10 000**
560 000 : 90 000 = **6 R 20 000**
960 000 : 50 000 = **19 R 10 000**
720 000 : 50 000 = **14 R 20 000**
480 000 : 70 000 = **6 R 60 000**

187 **a** *Lösungsvorschläge:*

a	8 65**0** : 2 = **4 325**	6 23**2** : 4 = **1 558**	4 92**6** : 2 = **2 463**
	3 48**8** : 2 = **1 744**	1 88**4** : 4 = **471**	7 34**8** : 4 = **1 837**
b	2 67**0** : 5 = **534**	6 84**4** : 2 = **3 422**	9 65**0** : 5 = **1 930**
	5 68**5** : 5 = **1 137**	7 62**5** : 5 = **1 525**	5 67**2** : 4 = **1 418**
c	12 70**5** : 5 = **2 541**	28 95**4** : 2 = **14 477**	10 69**6** : 4 = **2 674**
	44 58**0** : 5 = **8 916**	67 42**8** : 2 = **33 714**	30 19**2** : 4 = **7 548**

188

a	6 000 : 6 = **1 000**	6 420 : 6 = **1 070**
	420 : 6 = **70**	6 360 : 6 = **1 060**
	360 : 6 = **60**	6 780 : 6 = **1 130**
	54 : 6 = **9**	6 054 : 6 = **1 009**
		6 474 : 6 = **1 079**
b	4 000 : 2 = **2 000**	4 240 : 2 = **2 120**
	240 : 2 = **120**	4 180 : 2 = **2 090**
	180 : 2 = **90**	4 420 : 2 = **2 210**
	48 : 2 = **24**	4 048 : 2 = **2 024**
		4 228 : 2 = **2 114**

c 4 800 : 8 = **600**
640 : 8 = **80**
320 : 8 = **40**
72 : 8 = **9**

5 440 : 8 = **680**
5 120 : 8 = **640**
5 560 : 8 = **695**
4 872 : 8 = **609**
5 512 : 8 = **689**

189 a 8 000 : 8 = **1 000**
8 024 : 8 = **1 003**
7 992 : 8 = **999**

5 000 : 5 = **1 000**
5 125 : 5 = **1 025**
4 880 : 5 = **976**

42 000 : 7 = **6 000**
42 749 : 7 = **6 107**
41 650 : 7 = **5 950**

b 32 000 : 4 = **8 000**
31 860 : 4 = **7 965**
32 644 : 4 = **8 161**

1 500 : 3 = **500**
1 386 : 3 = **462**
1 539 : 3 = **513**

54 000 : 9 = **6 000**
54 639 : 9 = **6 071**
52 200 : 9 = **5 800**

c 63 000 : 7 = **9 000**
63 777 : 7 = **9 111**
62 454 : 7 = **8 922**

4 500 : 5 = **900**
4 525 : 5 = **905**
4 445 : 5 = **889**

12 000 : 2 = **6 000**
12 648 : 2 = **6 324**
11 738 : 2 = **5 869**

Zahlen bis 1 000 000 – Schriftliches Teilen

190 **a**

```
 108 : 9 = 12
-  9
   18
  -18
    0
```

```
 1107 : 9 = 123
-  9
   20
  -18
    27
   -27
     0
```

```
 11106 : 9 = 1234
-  9
   21
  -18
    30
   -27
     36
    -36
      0
```

```
 111105 : 9 = 12345
-  9
   21
  -18
    31
   -27
     40
    -36
      45
     -45
        0
```

```
 1111104 : 9 = 123456
-  9
   21
  -18
    31
   -27
     41
    -36
      50
     -45
       54
      -54
        0
```

b

```
 21 : 3 = 7
-21
  0
```

```
 201 : 3 = 67
-18
  21
 -21
   0
```

```
 2001 : 3 = 667
-18
  20
 -18
   21
  -21
    0
```

```
 20001 : 3 = 6667
-18
  20
 -18
   20
  -18
    21
   -21
     0
```

```
 200001 : 3 = 66667
-18
  20
 -18
   20
  -18
    20
   -18
     21
    -21
      0
```

191 a *Lösungsbeispiele:*

```
 46823   234125:5=46825      24865    124335:5=24867
+46824  -20                 +24866   -10
+46825    34                +24867     24
+46826   -30                +24868    -20
+46827     41               +24869      43
234125    -40               124335     -40
            12                           33
           -10                          -30
             25                           35
            -25                          -35
              0                            0
```

```
 13574   67880:5=13576       89651    448265:5=89653
+13575  -5                  +89652   -40
+13576   17                 +89653     48
+13577  -15                 +89654    -45
+13578    28                +89655      32
 67880   -25                448265     -30
           38                            26
          -35                           -25
            30                            15
           -30                           -15
             0                             0
```

```
 74124   370630: 5=74126     65432    327170: 5=65434
+74125  -35                 +65433   -30
+74126    20                +65434     27
+74127   -20                +65435    -25
+74128     06               +65436      21
370630    - 5               327170     -20
             13                          17
            -10                         -15
              30                          20
             -30                         -20
               0                           0
```

Das Ergebnis der Divisionsaufgabe ist die mittlere Zahl, die ich addiert habe.

Ich stelle mir die Zahlen, die ich addiere, als Würfelturm vor, der immer genau so viele Würfel hat, wie die Zahl angibt. Wenn ich vom größten Turm zwei Würfel herunternehme und sie auf den kleinsten Turm stelle, und vom zweitgrößten Turm einen Würfel auf den zweitkleinsten Turm lege, entstehen fünf Türme mit einer Anzahl von Würfeln, wie es die mittlere Zahl angibt.

b Das gleiche Prinzip funktioniert auch mit Zahlen mit einem Unterschied von 10. Hier lege ich nur nicht 2 bzw. 1 Würfel um, sondern 20 bzw. 10. Auch hier errechne ich den Mittelwert oder Durchschnitt.

192 **a**

```
  8 6 5 4 : 2 = 4 3 2 7
– 8
  ‾
    6
  – 6
    ‾
      5
    – 4
      ‾
      1 4
    – 1 4
      ‾‾‾
          0
```

b

```
  2 4 5 6 : 8 = 3 0 7
– 2 4
  ‾‾‾
    0 5
  –   0
    ‾‾‾
      5 6
    – 5 6
      ‾‾‾
        0
```

193 Leon hat auch nach einem Jahr nur eine Maus, weil eine einzelne Maus keinen Nachwuchs bekommen kann.

Zahlen bis 1 000 000 – Grundrechenarten miteinander verbinden

194 **a**

125 +	**125** =	250
3 500 +	**6 500** =	10 000
6 250 +	**18 750** =	25 000
63 000 +	**57 000** =	120 000

b

65 000 –	5 000 =	60 000
25 000 –	6 300 =	18 700
250 000 –	45 000 =	205 000
330 000 –	12 500 =	317 500

195 **a**

6 ·	**700** =	4 200
12 ·	**700** =	8 400
900 ·	**60** =	54 000
60 ·	**80** =	4 800

b

72 000 :	**9** =	8 000
4 000 :	**8** =	500
25 000 :	**500** =	50
2 700 :	**30** =	90

196 a $\mathbf{1\,000} \underset{\mathbf{-\,1\,500}}{\overset{+\,1\,500}{\rightleftarrows}} 2\,500$

b $\mathbf{60} \underset{\mathbf{:\,60}}{\overset{\cdot\,60}{\rightleftarrows}} 3\,600$

c $\mathbf{500\,000} \underset{\mathbf{+\,380\,000}}{\overset{-\,380\,000}{\rightleftarrows}} 120\,000$

d $\mathbf{240\,000} \underset{\mathbf{\cdot\,800}}{\overset{:\,800}{\rightleftarrows}} 300$

197 a $\mathbf{500} \underset{\mathbf{:\,4}}{\overset{\cdot\,4}{\rightleftarrows}} \mathbf{2\,000} \underset{\mathbf{+\,400}}{\overset{-\,400}{\rightleftarrows}} \mathbf{1\,600} \underset{\mathbf{\cdot\,2}}{\overset{:\,2}{\rightleftarrows}} 800$

b $\mathbf{360} \underset{\mathbf{\cdot\,6}}{\overset{:\,6}{\rightleftarrows}} \mathbf{60} \underset{\mathbf{-\,40}}{\overset{+\,40}{\rightleftarrows}} \mathbf{100} \underset{\mathbf{:\,25}}{\overset{\cdot\,25}{\rightleftarrows}} 2\,500$

c $\mathbf{11} \underset{\mathbf{-\,11}}{\overset{+\,11}{\rightleftarrows}} \mathbf{22} \underset{\mathbf{\cdot\,2}}{\overset{:\,2}{\rightleftarrows}} \mathbf{11} \underset{\mathbf{:\,8}}{\overset{\cdot\,8}{\rightleftarrows}} 88$

d $\mathbf{25} \underset{\mathbf{:\,4}}{\overset{\cdot\,4}{\rightleftarrows}} \mathbf{100} \underset{\mathbf{\cdot\,10}}{\overset{:\,10}{\rightleftarrows}} \mathbf{10} \underset{\mathbf{-\,35}}{\overset{+\,35}{\rightleftarrows}} 45$

198 a 350 + 150 : 5 = 350 + 30 = **380**
560 : 7 – 20 = 80 – 20 = **60**
230 + 640 : 8 = 230 + 80 = **310**
500 : 10 – 180 : 6 = 50 – 30 = **20**

b 140 · 2 – 80 = 280 – 80 = **200**
620 + 40 · 3 = 620 + 120 = **740**
550 + 210 : 3 – 400 = 550 + 70 – 400 = **220**
200 + 800 + 100 : 2 = 200 + 800 + 50 = **1 050**

199 a (200 + 300) – 170 = 500 – 170 = **330**
(430 + 270) – (320 – 280) = 700 – 40 = **660**
(910 + 90) : 100 = 1 000 : 100 = **10**
900 : (450 : 5) = 900 : 90 = **10**

b 140 – (2 · 30) = 140 – 60 = **80**
40 + 20 + (310 – 60) = 40 + 20 + 250 = **310**
450 – (210 – 70) + 30 = 450 – 140 + 30 = **340**
1 000 : (4 · 50) = 1 000 : 200 = **5**

c 840 – (420 + 120) = 840 – 540 = **300**
(844 – 48) + (628 + 72) = 796 + 700 = **1 496**
(7 · 30) + 190 = 210 + 190 = **400**
(380 – 60) : 4 = 320 : 4 = **80**

200 **a**

$$120 \underset{+60}{\overset{-60}{\rightleftarrows}} 60 \underset{\cdot 5}{\overset{:5}{\rightleftarrows}} 12 \underset{:2}{\overset{\cdot 2}{\rightleftarrows}} 24 \underset{-26}{\overset{+26}{\rightleftarrows}} 50$$

b

$$3\,100 \underset{:3}{\overset{\cdot 3}{\rightleftarrows}} 9\,300 \underset{+300}{\overset{-300}{\rightleftarrows}} 9\,000 \underset{\cdot 90}{\overset{:90}{\rightleftarrows}} 100 \underset{-100}{\overset{+100}{\rightleftarrows}} 200$$

c

$$100 \underset{-75}{\overset{+75}{\rightleftarrows}} 175 \underset{\cdot 5}{\overset{:5}{\rightleftarrows}} 35 \underset{+2}{\overset{-2}{\rightleftarrows}} 33 \underset{\cdot 11}{\overset{:11}{\rightleftarrows}} 3$$

Auf dem Pausenhof

Rechne die Aufgaben und trage das Ergebnis ein.

12

$2 + 2 =$ ☐

$7 + 1 =$ ☐

$1 + 1 =$ ☐

$0 + 1 =$ ☐

$6 + 2 =$ ☐

$3 + 3 =$ ☐

$5 + 4 =$ ☐

$4 + 1 =$ ☐

13

$9 - 3 =$ ☐

$10 - 8 =$ ☐

$5 - 1 =$ ☐

$8 - 5 =$ ☐

$10 - 1 =$ ☐

$10 - 5 =$ ☐

$9 - 1 =$ ☐

$8 - 7 =$ ☐

14 Die Klasse 1 b rechnet schon Tabellen!

Rechne die Aufgaben und trage sie in die Tabelle ein.

+	0	1	2	3	4	5
1	1					
2				5		
3		4				
4			6			
5						10

Die Klasse 1b backt heute Kuchen

15 Löse erst die leichte Tauschaufgabe.
Trage dann das Ergebnis auf beiden Seiten ein.

8 + 1 = 9 1 + 8 = 9

1 + 4 = ☐ 4 + 1 = ☐

2 + 6 = ☐ 6 + 2 = ☐

4 + 5 = ☐ 5 + 4 = ☐

9 + 1 = ☐ 1 + 9 = ☐

3 + 2 = ☐ 2 + 3 = ☐

16 Die Waagschalen müssen gleich sein.
Trage richtig ein.

6 + 3 = ☐ 3 + 6 = ☐

1 + 6 = ☐ ☐ + ☐ = ☐

3 + 4 = ☐ ☐ + ☐ = ☐

2 + 1 = ☐ ☐ + ☐ = ☐

1 + 8 = ☐ ☐ + ☐ = ☐

7 + 2 = ☐ ☐ + ☐ = ☐

17 Mehr oder weniger?

Schreibe die richtige Umkehraufgabe auf.

4 + 3 = □

7 – 3 = □

□ + □ = □

□ – □ = □

5 + 4 = □
9 – 4 = □

3 + 6 = □
□ – 6 = □

7 + 1 = □
□ – 1 = □

2 + 3 = □
□ – □ = □

□ + 4 = 7
□ – □ = □

3 + 3 = □
□ – □ = □

Zahlen bis 20 – Zahlen kennenlernen

18 **Wer turnt denn da?**
Verbinde die Zahlen von 1 bis 20 in der richtigen Reihenfolge. Du erhältst zwei Bilder.

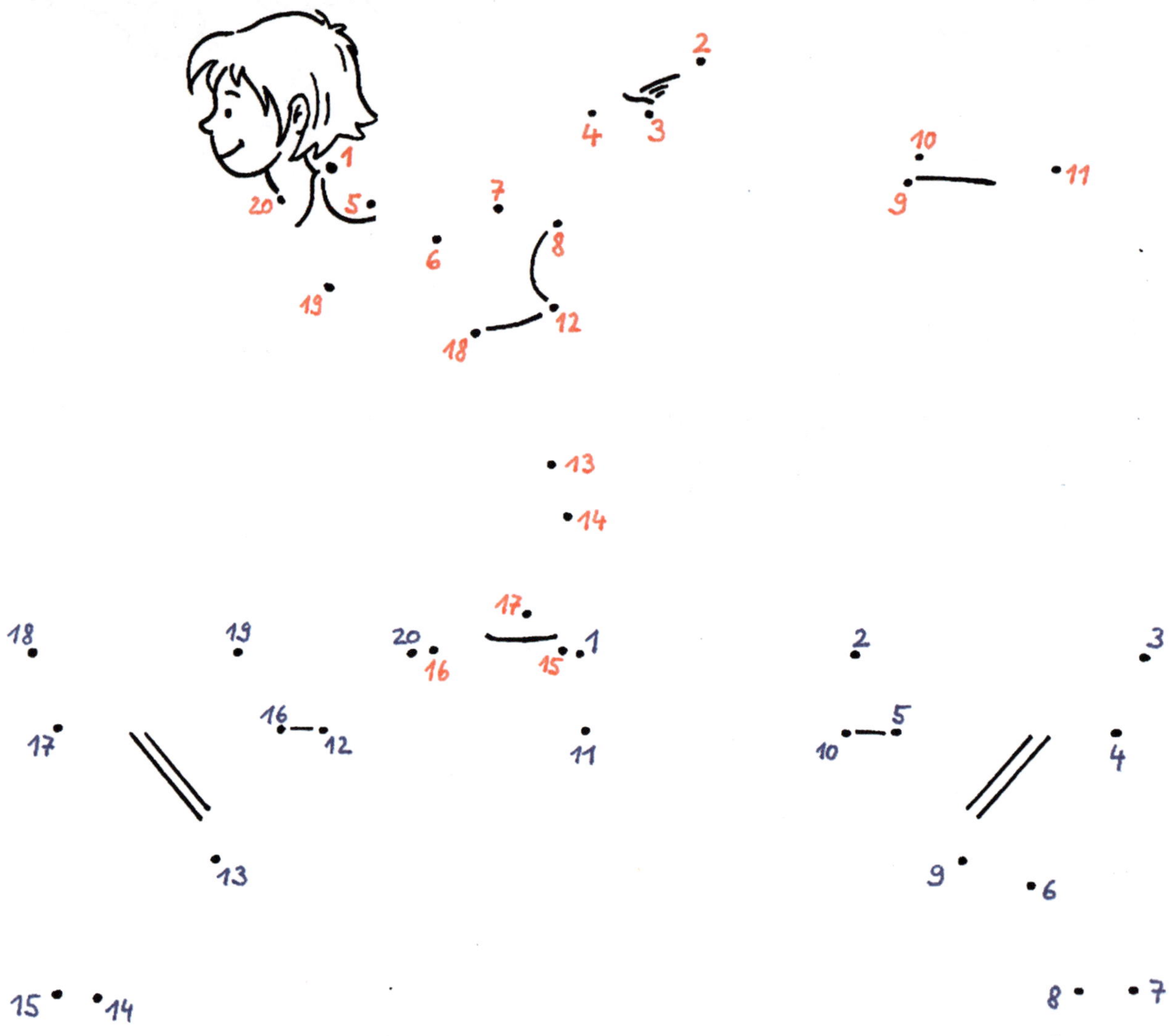

19 Die 1b hilft beim Aufbau

Schreibe die richtige Anzahl auf.

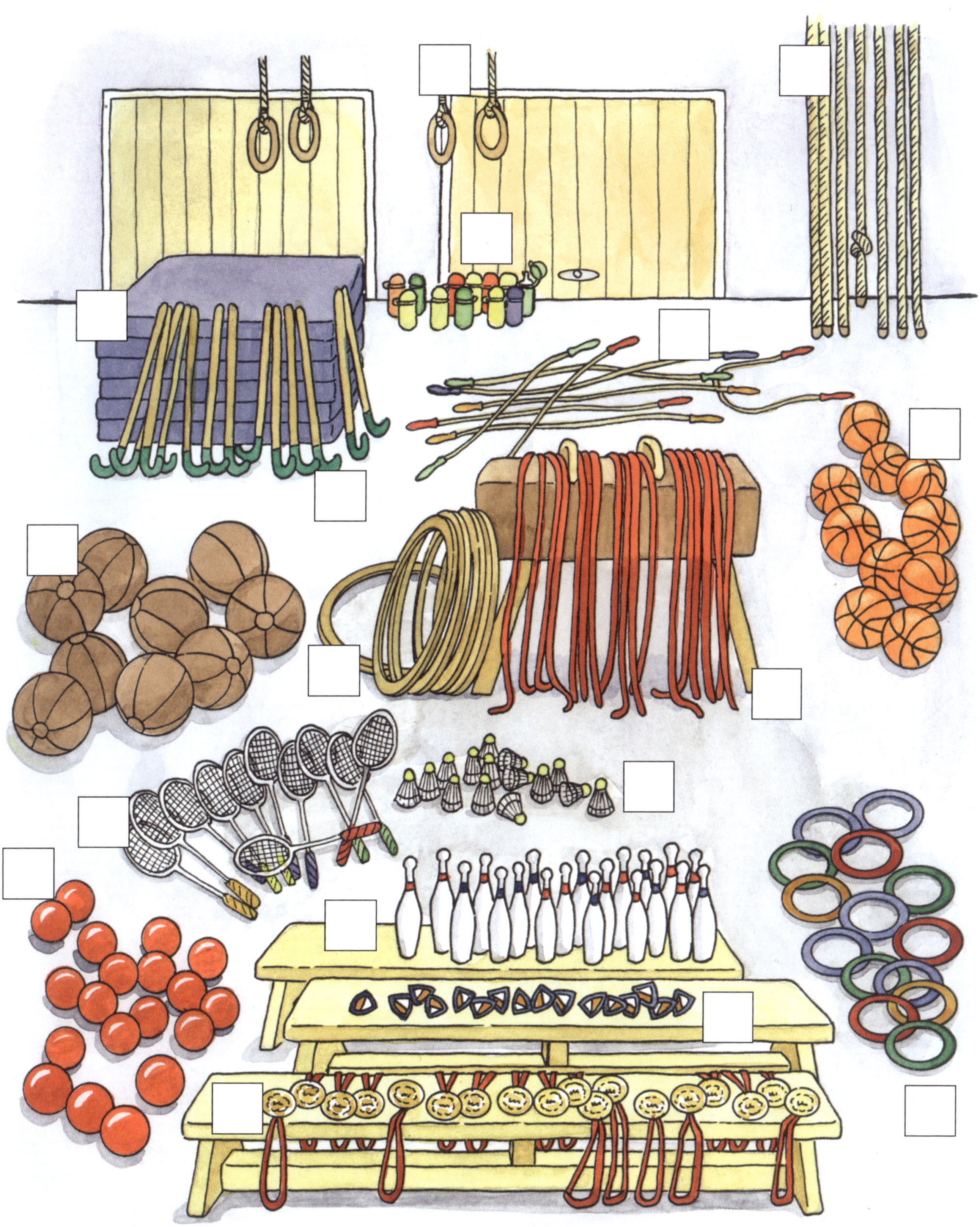

20 Die 1b rennt um die Wette!

Schreibe die Vorgänger und Nachfolger auf.

Vorgänger	Kind	Nachfolger
–	Leon	Anna
	Anna	
	Tim	–
	Marie	
	Eva	

21 Hüpfen auf dem Zahlenstrahl

Wer am schnellsten die Rechenschritte am Zahlenstrahl ausführt und dann am richtigen Ergebnis steht, hat gewonnen.

Kannst du mitrechnen?

Starte bei 0 und gehe 5 Schritte vor.

Gehe 3 Schritte zurück.

Gehe 14 Schritte vor.

Gehe 7 Schritte zurück.

Gehe 2 Schritte zurück.

Gehe 10 Schritte vor.

Gehe 2 Schritte vor.

Gehe 5 Schritte zurück.

Gehe 3 Schritte vor.

Du stehst jetzt auf Feld:

____

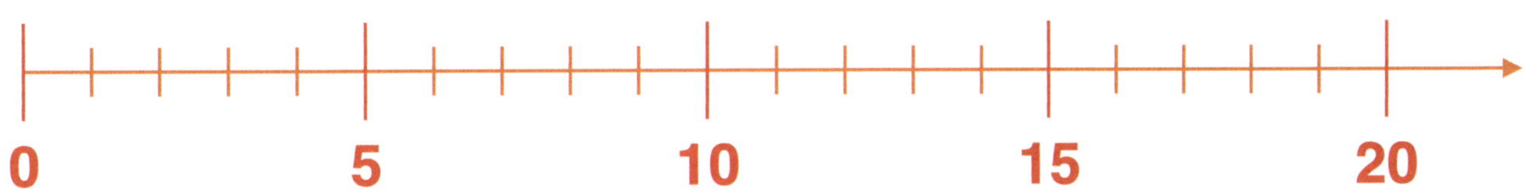

22 Hürdenlauf

a Nummeriere die Kinder von 1 bis 20 mit den Ordnungszahlen. Vergiss die Punkte nicht!

b Diese Kinder haben kurze Hosen an:

____

c Diese Kinder haben ein **grünes** Trikot an:

____

d Male die Trikots dieser Kinder so an:

blau: 1., 7., 13., 19.

gelb: 3., 18., 20.

e Diese Trikots bleiben weiß: ______________________

23 Spielen auf der Wiese

Verbinde alle geraden Zahlen mit blauer Farbe,
alle ungeraden Zahlen mit roter Farbe.

Zahlen bis 20 – Rechnen ohne Zehnerüberschreitung

So viele schöne Blumen!
Rechne die Aufgaben.

24

5 + 4 = ☐☐
15 + 4 = ☐☐
1 + 7 = ☐☐
1 + 17 = ☐☐
8 + 2 = ☐☐
18 + 2 = ☐☐

25

2 + 4 = ☐☐
12 + 4 = ☐☐
5 + 3 = ☐☐
15 + 3 = ☐☐
3 + 2 = ☐☐
13 + 2 = ☐☐

26

12 + 3 = ☐☐
3 + 14 = ☐☐
18 + 2 = ☐☐
15 + 1 = ☐☐
17 + 2 = ☐☐
13 + 5 = ☐☐

27

6 + 11 = ☐☐
2 + 16 = ☐☐
1 + 18 = ☐☐
2 + 12 = ☐☐
3 + 10 = ☐☐
12 + 6 = ☐☐

Rechnen auf der Wiese

Verbinde die Rechnung mit dem passenden Ergebnis.

28

16 + 1	19
11 + 7	16
10 + 9	17
12 + 4	18
13 + 7	15
14 + 1	20

29

20 – 5	16
19 – 3	17
14 – 2	15
18 – 1	12
17 – 4	13
19 – 9	10

30 Verbinde die Blätter mit den richtigen Blumen.

31 Wer wohnt alles auf der Wiese?

Finde immer 4 Aufgaben und schreibe sie auf.

9 + 6 = 15
6 + 9 = 15
15 − 9 = 6
15 − 6 = 9

a

__________ = ____

__________ = ____

__________ = ____

__________ = ____

b

__________ = ____

__________ = ____

__________ = ____

__________ = ____

c

__________ = ____

__________ = ____

__________ = ____

__________ = ____

d

__________ = ____

__________ = ____

__________ = ____

__________ = ____

e

__________ = ____

__________ = ____

__________ = ____

__________ = ____

32 Schmetterlinge zu Besuch!

2 + 2 = 4 4 ist das Doppelte von 2.	6 = 3 + 3 3 ist die Hälfte von 6.

Verdopple und halbiere.
Trage die Lösung in die Tabelle ein.

1	4	6	3		2		10	9	8
2				10		14			

10	2		16	18	20	4		12	6
5		4					7		

Male die Felder mit den Lösungszahlen in deiner Lieblingsfarbe an.

Blumengirlanden rechnen

Rechne die Aufgaben und trage das Ergebnis ein.

33

10 + 5 = ☐☐
11 + 3 = ☐☐
12 + 6 = ☐☐
17 + 3 = ☐☐
5 + 14 = ☐☐
1 + 17 = ☐☐
6 + 12 = ☐☐
3 + 15 = ☐☐

34

14 + 2 = ☐☐
17 + 1 = ☐☐
13 + 4 = ☐☐
12 + 7 = ☐☐
8 + 11 = ☐☐
3 + 14 = ☐☐
5 + 15 = ☐☐
2 + 12 = ☐☐

35

18 – 5 = ☐☐
15 – 4 = ☐☐
20 – 5 = ☐☐
17 – 6 = ☐☐
15 – 3 = ☐☐
18 – 8 = ☐☐
20 – 6 = ☐☐
13 – 1 = ☐☐

36

19 – 2 = ☐☐
13 – 2 = ☐☐
19 – 9 = ☐☐
16 – 3 = ☐☐
12 – 2 = ☐☐
14 – 2 = ☐☐
18 – 7 = ☐☐
15 – 1 = ☐☐

Knobelaufgaben

37 Zu welchem Topf gehört welche Zahl?

Schreibe die richtigen Zahlen in die Töpfe A, B, C und D.

A = das Doppelte von 5
B = das Doppelte von A
C = die Hälfte von D
D = A + 2

38 Wo geht es lang?

Anna holt Blumenerde. Sie kann nach rechts und links, nach unten und schräg laufen. Fange in der ersten Zeile an und finde den richtigen Weg zum Ergebnis unten.

Beispiel:

11	12	13
9	3	1
1	4	0

= 15

Rechne +

11	12	13
9	5	2
1	4	1

= 20

Rechne –

20	19	18
4	6	8
6	7	2

= 11

Zahlen bis 20 – Rechnen mit Zehnerüberschreitung

39 Bald wird gefeiert!

Anna rechnet aus, was sie alles zum Schmücken braucht. Rechne mit.

a

7 + 5 = ☐☐	9 + 2 = ☐☐	9 + 6 = ☐☐
9 + 3 = ☐☐	7 + 6 = ☐☐	6 + 7 = ☐☐
8 + 6 = ☐☐	9 + 4 = ☐☐	5 + 7 = ☐☐

b

8 + 3 = ☐☐	7 + 7 = ☐☐	8 + 4 = ☐☐
7 + 9 = ☐☐	6 + 5 = ☐☐	9 + 9 = ☐☐
8 + 5 = ☐☐	4 + 9 = ☐☐	2 + 9 = ☐☐

c

5 + 8 = ☐☐	6 + 8 = ☐☐	5 + 9 = ☐☐
4 + 7 = ☐☐	3 + 8 = ☐☐	4 + 8 = ☐☐
7 + 8 = ☐☐	8 + 9 = ☐☐	8 + 8 = ☐☐

40 Den Gästen schmeckt es!

Bei der Feier gibt es viel Leckeres zu essen.
Rechne aus, wie viel von den Sachen noch übrig ist.

a	18 – 9 = ☐☐	14 – 7 = ☐☐	13 – 5 = ☐☐
	11 – 4 = ☐☐	12 – 5 = ☐☐	17 – 9 = ☐☐
	16 – 8 = ☐☐	11 – 3 = ☐☐	15 – 9 = ☐☐
b	14 – 5 = ☐☐	12 – 3 = ☐☐	11 – 8 = ☐☐
	15 – 7 = ☐☐	16 – 9 = ☐☐	14 – 8 = ☐☐
	13 – 6 = ☐☐	12 – 9 = ☐☐	13 – 8 = ☐☐
c	11 – 2 = ☐☐	15 – 8 = ☐☐	14 – 5 = ☐☐
	13 – 9 = ☐☐	12 – 8 = ☐☐	11 – 7 = ☐☐
	11 – 9 = ☐☐	13 – 4 = ☐☐	12 – 7 = ☐☐

41 Auf dem Gabentisch

Male das Bild entsprechend den Stiften farbig aus.

42 Verkleiden macht Spaß!

Anna und ihre Freunde verkleiden sich als Ägypter und lösen Rechenpyramiden.
Rechne mit.

43 Auf zur Schatzsuche!

Abends gibt es eine Schatzsuche.
Rechne immer den Pfeilen nach.

44 Wo mag der Schatz nur sein?

Schreibe zu jeder Aufgabe die Tauschaufgabe auf und rechne beide Aufgaben aus.

14 + 5 = 19	5 + 14 = 19
6 + 12 = □□	______ = □□
8 + 9 = □□	______ = □□
17 + 2 = □□	______ = □□
11 + 3 = □□	______ = □□
5 + 6 = □□	______ = □□
13 + 5 = □□	______ = □□

45 Anna und Leon finden die Schatzkarte!

Schreibe zu jeder Aufgabe die Umkehraufgabe auf und rechne beide Aufgaben aus.

16 + 2 = 18	18 – 2 = 16
14 + 6 = □□	______ = □□
8 + 7 = □□	______ = □□
6 + 2 = □□	______ = □□
12 + 3 = □□	______ = □□
9 + 8 = □□	______ = □□
15 – 3 = □□	______ = □□

46 Das kannst du schon!

Rechne die Aufgaben und trage das Ergebnis ein.

$6 + 2 = \square\square$

$16 + 2 = \square\square$

$4 + 1 = \square\square$

$8 + 1 = \square\square$

$8 + 2 = \square\square$

$8 + 3 = \square\square$

$9 + 7 = \square\square$

$14 + 6 = \square\square$

$16 + 2 = \square\square$

$7 + 1 = \square\square$

$17 + 1 = \square\square$

$8 + 2 = \square\square$

$17 - 7 = \square\square$

$17 - 8 = \square\square$

$17 - 9 = \square\square$

$9 - 3 = \square\square$

$11 - 7 = \square\square$

$20 - 4 = \square\square$

$5 + 2 = \square\square$

$15 + 2 = \square\square$

$3 + 3 = \square\square$

$6 + 2 = \square\square$

$6 + 3 = \square\square$

$6 + 4 = \square\square$

$15 + \square = 19$

$11 + \square = 18$

$19 + \square = 19$

$1 + 1 = \square\square$

$2 + 2 = \square\square$

$3 + 3 = \square\square$

$4 + 4 = \square\square$

$5 + 5 = \square\square$

$6 + 6 = \square\square$

$7 + 7 = \square\square$

$8 + 8 = \square\square$

$9 + 9 = \square\square$

$10 + 10 = \square\square$

$6 + 4 + 3 = \square\square$

$9 + 1 + 5 = \square\square$

$8 + 4 + 2 = \square\square$

$13 - 3 - 6 = \square\square$

$12 - 2 - 4 = \square\square$

$14 - 3 - 4 = \square\square$

47 Anna lädt ein zum Dosenwerfen!

Rechne die Dosenpyramiden von unten nach oben.

48 Kunterbuntes Rechnen

Rechne die Tabellen und trage das Ergebnis ein.

+	4	2	6	9
3				
5				
7				
2				
1				
10				

–	2	3	4	5
7				
9				
6				
5				
8				
10				

–	5	3	8	10
15				
18				
20				
13				
16				
11				

Knobelaufgaben

49 Wohin führt die Bonbon-Kette?

Leon hat sich eine Rechnung ausgedacht, aber die Rechenzeichen vergessen.
Kannst du sie wieder einfügen?

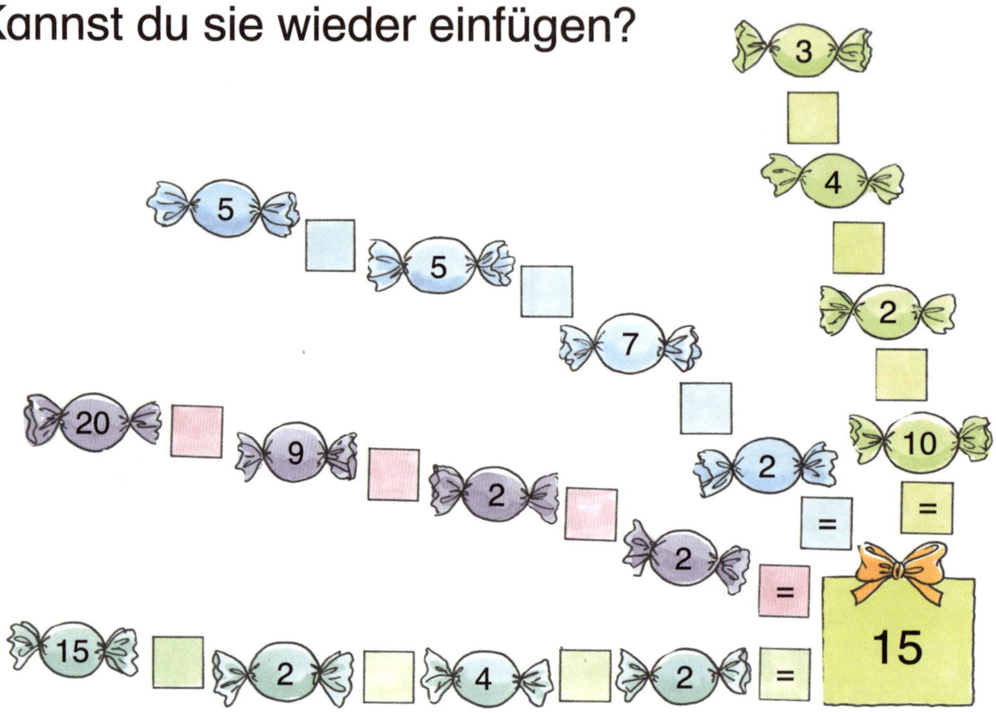

50 Die Geburtstags-Geheimschrift

Anna hat sich eine Geheimschrift für ihre Zahlen ausgedacht. Sie verrät, dass die Krone die Zahl 12 sein soll. Kannst du ihre Geheimschrift entziffern?

Rechnen 2. Klasse – Tipps zum Üben

In der 2. Klasse lernt Ihr Kind, sich im Zahlenraum bis 100 zu orientieren. Es übt das Addieren (Plusrechnen) und Subtrahieren (Minusrechnen) und lernt das kleine Einmaleins kennen. Im Folgenden finden Sie wertvolle Tipps zum Üben:

Zahlen bis 100 kennenlernen

- Anfangs fällt es vielen Kindern schwer, sich die große Zahl 100 vorzustellen. Deshalb sollten Sie gemeinsam überlegen, wo diese Zahl im Alltag zu finden ist. *Beispiele:* Wie weit kommst du mit 100 Schritten? Wie groß ist ein Haufen mit 100 Nudeln?

Plus- und Minusrechnen bis 100

- Rechnen Sie gemeinsam Aufgaben am Zahlenstrahl. Basteln Sie dazu einen Zahlenstrahl aus Papier oder Tonkarton (vgl. S. 49). Das Rechnen am Zahlenstrahl ist vor allem beim Rechnen mit Zehnerübergang hilfreich.
- Lassen Sie Ihr Kind beim Rechnen das Hunderterfeld zu Hilfe nehmen (vgl. S. 41).
- Beim Plus- und Minusrechnen gibt es verschiedene Rechenstrategien (vgl. S. 46 ff.). Ihr Kind sollte diese Strategien ausprobieren und so die beste für sich persönlich herausfinden.

Das kleine Einmaleins: Malnehmen und Teilen

- Machen Sie die Malaufgaben möglichst anschaulich. Nehmen Sie 3 Dosen und legen in jede Dose 4 Bonbons. Ihr Kind soll nun berechnen, wie viele es insgesamt sind.
- Auch einfache Geteiltaufgaben lassen sich gut darstellen. Nehmen Sie 8 Bonbons und bitten Sie Ihr Kind, die Bonbons gerecht an 2 Personen zu verteilen. Auf dieselbe Weise kann auch das Teilen mit Rest erklärt werden.
  Beispiel: Verteile 7 Bonbons gerecht an 2 Personen. Wie viele Bonbons bleiben übrig?
- Sobald Ihr Kind das Prinzip des Malnehmens verstanden hat, sollte es nach und nach die Reihen des kleinen Einmaleins auswendig lernen. Dabei können lustige Sprüche helfen (vgl. S. 56). Sie können sich mit Ihrem Kind auch eigene Sprüche und Reime ausdenken, denn diese behält man noch besser im Kopf.

Zahlen bis 100 – Zahlen ordnen und benennen

Anna und Leon gehen zusammen in die 2. Klasse der Sonnenscheinschule.
Als sie in das Klassenzimmer kommen, staunen sie.
Da hängt eine bunte Blumengirlande!
„Die ist aber schön!“, meint Anna.
„Auf der Girlande stehen ja Zahlen und Buchstaben!“, ruft Leon.
Ihr Klassenlehrer, Herr Wagner, lacht zufrieden.
„Ihr könnt sie gleich in euer Hunderterfeld einordnen“, sagt er.

51 Zahlen ordnen:
„Auch Zahlen brauchen Ordnung“, sagt Herr Wagner. „Helft ihr mir aufzuräumen?“

a Ordne die Zahlen aus dem Bild auf Seite 1 der Größe nach. Beginne mit der kleinsten Zahl. Trage sie mit dem zugehörigen Buchstaben in den Lösungskasten ein.

12			
L			

b Trage nun die Zahlen von Aufgabe **a** mit **blauer** Farbe ins Hunderterfeld auf Seite 5 ein.

52 Reihen und Kästchen zählen:
Anna fragt Leon: „Weißt du, wie diese Zahlen heißen?“ Leon überlegt.

Hilf ihm und schreibe die Zahlen auf die Linie. Trage sie dann mit **roter** Farbe ins Hunderterfeld auf Seite 5 ein.

a

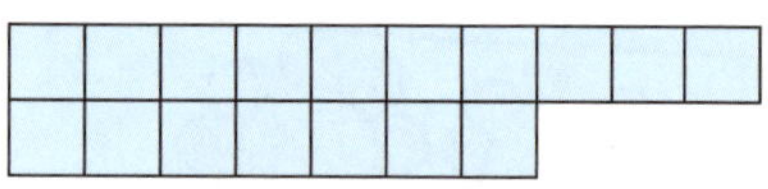

____

b

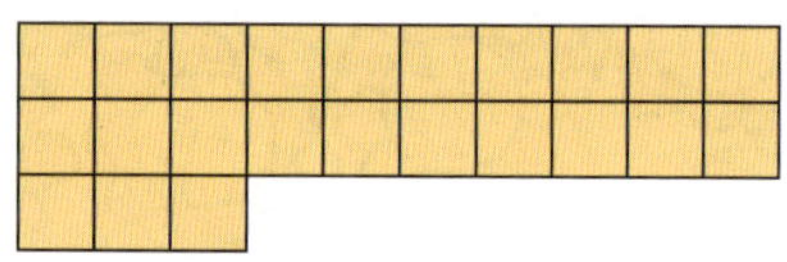

____

c

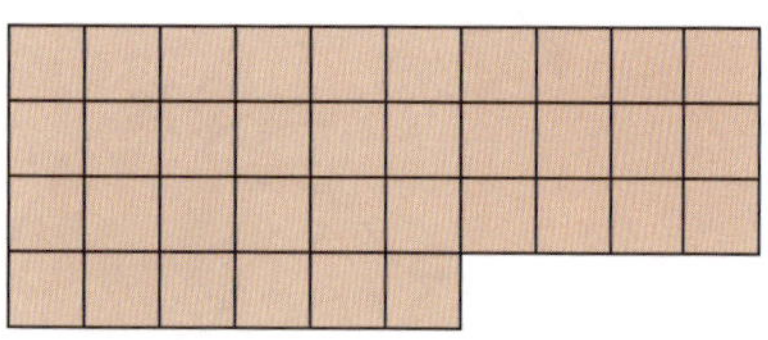

____

d

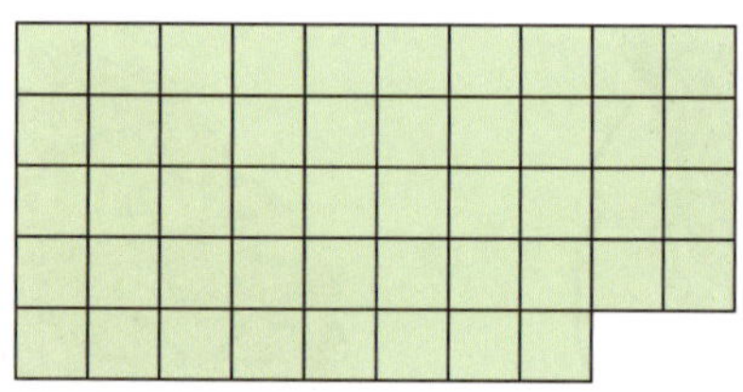

____

e

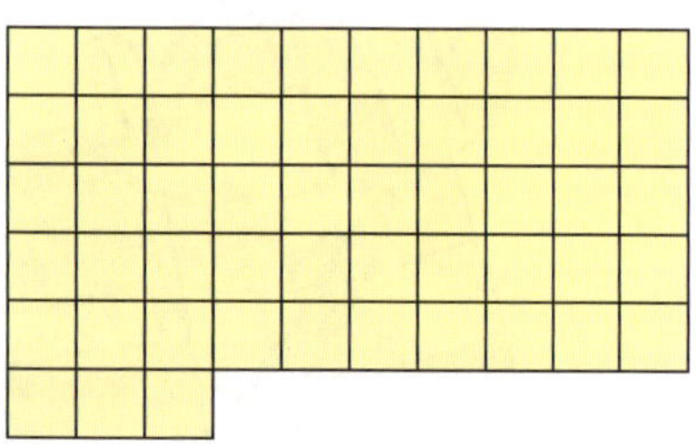

____

f

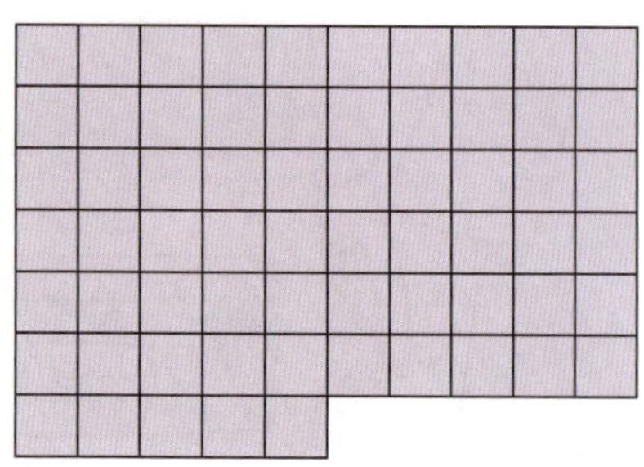

____

53 Zahlen lesen:
Anna ruft Leon Zahlen zu.

Schreibe die Zahlen in die Kästchen und trage sie mit **grüner** Farbe ins Hunderterfeld auf Seite 5 ein.

siebenundachtzig

einundsechzig

dreiundachtzig

fünfundneunzig

vierzehn

einundneunzig

fünfundfünfzig

achtundsechzig

zweiundvierzig

fünfundsiebzig

neununddreißig

siebenundzwanzig

54 Zahlenfelder füllen:
„Jetzt werden wir zu Detektiven im Hunderterfeld!“, sagt Leon zu Anna.

Vergleiche diese Zahlen mit dem Hunderterfeld und ergänze die Zahlen in den leeren Kästchen. Trage deine ergänzten Zahlen mit **brauner** Farbe ins Hunderterfeld auf Seite 5 ein.

16	17
	27

81		83	84
91		93	

	52
61	
	72

	67

	48	
	58	

	25
44	

			70

	12	

55 Zahlen finden und eintragen:
Anna und Leon stellen fest: „In unserem Hunderterfeld fehlen immer noch einige Zahlen.“

a Markiere die fehlenden Zahlen im Kasten farbig.

85	43	6	18	87	17	2	99	31	64	33	9	96	15	29	38	69	73	54
N	T	A	L	M	G	O	H	F	E	R	K	U	D	E	E	B	D	R

b Übertrage die Buchstaben unter den markierten Zahlen in den Lösungskasten. Beginne mit dem Buchstaben unter der größten Zahl.

Anna und Leon staunen: „Du kennst dich ja sehr gut aus im

!“

c Trage die markierten Zahlen von Aufgabe **a** mit **lila** Farbe ins Hunderterfeld ein.

Unser Hunderterfeld

1	2	3	4	5	6	7	8	9	10
									20
									30
									40
									50
									60
									70
									80
									90
									100

Zahlen bis 100 – Zahlen zerlegen und vergleichen

56 Zahlen zerlegen:
Anna und Leon legen ein Mathe-Puzzle.

Hilf ihnen, die Puzzleteile richtig zusammenzusetzen.
Es ergeben sich immer vier Rechnungen.

a Male die zwei Puzzleteile in derselben Farbe aus, die zusammen die Zahl 70 ergeben.

Schreibe die Rechnungen auf.

70 = ________ + ________

70 = ________ + ________

70 = ________ + ________

70 = ________ + ________

b Male die zwei Puzzleteile in derselben Farbe aus, die zusammen die Zahl 100 ergeben.

Schreibe die Rechnungen auf.

100 = ________ + ________

100 = ________ + ________

100 = ________ + ________

100 = ________ + ________

c Male die zwei Puzzleteile in derselben Farbe aus, die zusammen die Zahl 80 ergeben.

Schreibe die Rechnungen auf.

80 = ________ + ________

80 = ________ + ________

80 = ________ + ________

80 = ________ + ________

57 Zahlen vergleichen:
Die 2 b bastelt mit Stoffresten. So ein Durcheinander!

Zum Vergleichen von Zahlen verwendest du ein Istgleichzeichen (=), ein Größerzeichen (>) oder ein Kleinerzeichen (<).

Beispiel:	80 = 80	90 > 80	70 < 80
	80 ist **gleich** 80	90 ist **größer als** 80	70 ist **kleiner als** 80

a Kreise alle Stoffreste mit **blauer** Farbe ein, auf denen eine Zahl steht, die größer als (>) 47 ist.

b Kreise alle Stoffreste mit **roter** Farbe ein, auf denen eine Zahl steht, die kleiner als (<) 47 ist.

58 Stellenwerttabellen:
Anna und Leon kennen sich schon gut im Hunderterfeld aus.
Sie notieren die Zahlen in der Stellenwerttabelle.

In der Stellenwerttabelle ordnest du die Zahlen nach der **Einerstelle**, der **Zehnerstelle** und der **Hunderterstelle**.
Zahlen von 0 bis 9 haben nur eine Einerstelle (**E**).
Zahlen von 10 bis 99 haben eine Einerstelle (**E**) und eine Zehnerstelle (**Z**).
Die Zahl 100 hat eine Einerstelle (**E**), eine Zehnerstelle (**Z**) und eine Hunderterstelle (**H**).

Beispiele:

7

H	Z	E
		7

35

H	Z	E
	3	5

100

H	Z	E
1	0	0

Ungerade Zahlen sind Zahlen mit der Einerziffer: 1, 3, 5, 7, 9
Gerade Zahlen sind Zahlen mit der Einerziffer: 0, 2, 4, 6, 8

Schreibe die folgenden Zahlen in die Stellenwerttabelle:

37

H	Z	E

95

H	Z	E

2

H	Z	E

14

H	Z	E

9

H	Z	E

79

H	Z	E

44

H	Z	E

36

H	Z	E

achtundfünfzig

H	Z	E

dreiundzwanzig

H	Z	E

neunundsiebzig

H	Z	E

neunundvierzig

H	Z	E

siebzehn

H	Z	E

vierundachtzig

H	Z	E

siebenundneunzig

H	Z	E

zweiundzwanzig

H	Z	E

59 Zahlen beschreiben:
Die Mathematiker der 2 b beschreiben Zahlen.

Findest du heraus, welche Zahlen sie beschreiben?

a Anna beschreibt ihre Zahl so:
„Es ist eine ungerade Zahl. Sie ist größer als 64 und kleiner als 69. Die Zahl 65 ist es nicht.“

Die Zahl heißt: ________

Tipp!
Probiere deinen Lösungsweg im Hunderterfeld aus.

b Leon beschreibt seine Zahl so:
„Es ist eine gerade Zahl. Die Zehnerziffer ist die gleiche wie die Einerziffer.
Die Zahl ist kleiner als 50 und größer als 23.“

Die Zahl heißt: ________

c Nilay beschreibt ihre Zahl so:
„Es ist eine gerade Zahl. Die Zehnerziffer ist doppelt so groß wie die Einerziffer. Die Zahl ist größer als 75.“

Die Zahl heißt: ________

d Anton beschreibt seine Zahl so:
„Es ist eine Zahl mit der Einerziffer 5. Die Zahl ist größer als 7 und kleiner als 74.
Im Hunderterfeld findest du die Zahl im linken unteren Viertel. Die Zehnerziffer ist nicht dieselbe wie die Einerziffer.“

Die Zahl heißt: ________

e Fällt dir selbst ein Rätsel ein? Schreibe es in die Zeilen.
Können es deine Eltern, größeren Geschwister, Freunde oder Lehrer lösen?

Zahlen bis 100 – Addition und Subtraktion ohne und mit Zehnerübergang

60 Rechnen ohne Zehnerübergang:
Leon soll die folgenden Rechnungen lösen und dabei zusammenzählen und abziehen: 46 + 3 = ______ 66 – 3 = ______

Mit den Zehnern und Einern kommt Leon oft durcheinander. Anna verrät ihm einen Trick, wie er einfacher rechnen kann.

Bei Aufgaben ohne Zehnerübergang kannst du zum Rechnen den Zehner zuerst weglassen. Danach fügst du die Zehner wieder hinzu und hast das Ergebnis:

Beispiel: ___6 + 3 = ___9 ___6 – 3 = ___3

46 + 3 = 49 66 – 3 = 63

Merke dir außerdem: Zusammenzählen nennt man auch **addieren**,
abziehen nennt man auch **subtrahieren**.

Löse die Aufgaben ebenso vorteilhaft.

a	24 + 5 = ______	53 + 6 = ______	72 + 4 = ______
	33 + 4 = ______	62 + 7 = ______	91 + 8 = ______
	16 + 3 = ______	77 + 0 = ______	42 + 6 = ______
	55 + 4 = ______	31 + 2 = ______	74 + 3 = ______
b	28 – 5 = ______	69 – 8 = ______	88 – 7 = ______
	54 – 3 = ______	92 – 0 = ______	19 – 6 = ______
	99 – 6 = ______	37 – 4 = ______	68 – 8 = ______
	45 – 4 = ______	78 – 7 = ______	16 – 6 = ______
c	66 + 3 = ______	16 + 3 = ______	86 + 3 = ______
	49 – 4 = ______	89 – 4 = ______	46 + 3 = ______
	69 – 4 = ______	36 + 3 = ______	19 – 4 = ______
	29 – 4 = ______	26 + 3 = ______	88 + 1 = ______

61 Rechnen mit Zehnern:
„Und wie rechne ich, wenn ich auch Zehner dazuzähle oder abziehe?“, fragt Anna.
Herr Wagner erklärt der Klasse, wie man solche Aufgaben rechnen kann.

Beispiele: 46 + **13** = ______ 87 – **56** = ______

Solche Aufgaben kannst du auf zwei Arten ausrechnen:

1. Möglichkeit

Bei der Plusaufgabe zählst du zunächst die vollen Zehner zusammen:	40 + **10** = 50
Dann rechnest du die Einer zusammen:	6 + **3** = 9
Zum Schluss zählst du die beiden Ergebnisse deiner Rechnung zusammen:	50 + 9 = 59
Bei der Minusaufgabe machst du es genauso,	80 – **50** = 30
nur dass du minus rechnen musst.	7 – **6** = 1
Die Ergebnisse rechnest du wieder zusammen:	30 + 1 = 31

2. Möglichkeit

Bei der Plusaufgabe zählst du erst die Zehner dazu:	46 + **10** = 56
Dann zählst du zum Ergebnis noch die Einer dazu:	56 + **3** = 59
Bei der Minusaufgabe ziehst du zunächst die Zehner ab:	87 – **50** = 37
Von diesem Ergebnis ziehst du die restlichen Einer ab:	37 – **6** = 31

Rechne mit deinem Rechenweg.

a	24 + 35 = ______	53 + 26 = ______	72 + 14 = ______
	23 + 74 = ______	62 + 27 = ______	81 + 18 = ______
	16 + 83 = ______	77 + 12 = ______	42 + 46 = ______
	45 + 54 = ______	31 + 22 = ______	74 + 23 = ______
b	28 – 15 = ______	69 – 58 = ______	88 – 67 = ______
	54 – 23 = ______	92 – 81 = ______	29 – 16 = ______
	99 – 46 = ______	37 – 24 = ______	68 – 68 = ______
	45 – 34 = ______	78 – 57 = ______	96 – 82 = ______
c	55 – 33 = ______	14 + 14 = ______	99 – 32 = ______
	87 – 34 = ______	13 + 83 = ______	88 – 14 = ______
	12 + 35 = ______	21 + 63 = ______	97 – 65 = ______
	15 + 23 = ______	42 + 52 = ______	98 – 86 = ______
	63 – 41 = ______	85 – 22 = ______	11 + 32 = ______

62 Zusammenzählen mit Zehnerübergang:
Anna und Leon haben wie du die letzten Aufgaben gut geübt und können jetzt noch schwierigere Rechnungen lösen. Für sie ist zum Beispiel diese Aufgabe kein Problem:

37 + 16 = ______

Für Aufgaben mit Zehnerübergang, wie bei der Aufgabe 37 + **16** = ______, gibt es mehrere Lösungswege:

Du kannst zuerst die Zehner dazuzählen. Zu diesem Ergebnis zählst du die Einer dazu.	37 + **10** = 47 47 + **6** = 53
Oder: Du zählst zuerst die Einer dazu. Zu diesem Ergebnis zählst du die Zehner dazu.	37 + **6** = 43 43 + **10** = 53
Oder: Du zählst den nächsthöheren runden Zehner dazu. Als nächstes musst du die Einer abziehen, die du vorher zu viel dazugezählt hast.	37 + **20** = 57 57 – **4** = 53
Oder: Du rechnest zuerst mit vollen Zehnern. Dann rechnest du die Einer aus. Jetzt zählst du beide Ergebnisse zusammen.	30 + **10** = 40 7 + **6** = 13 40 + 13 = 53

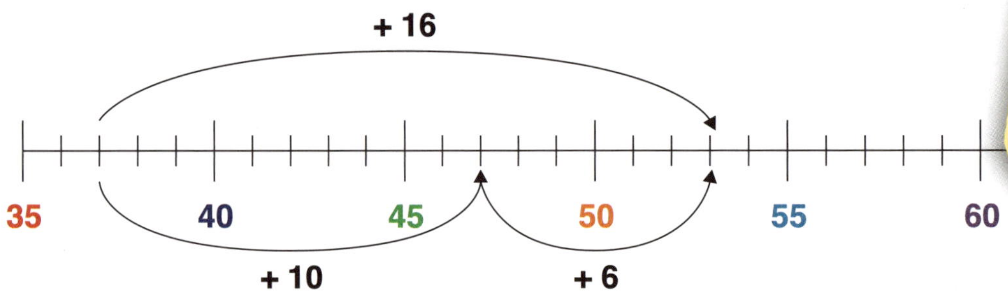

Tipp!
Wenn du unsicher bist, überprüfe mit dem Zahlenstrahl.

a Rechne vorteilhaft mit deinem Lösungsweg.

24 + 49 =

52 + 29 =

16 + 57 =

77 + 14 =

49 + 17 =

23 + 38 =

36 + 55 =

83 + 16 =

44 + 39 =

b Rechne. Was fällt dir bei den Ergebnissen auf?

18 + 27 = ______ 26 + 19 = ______ 27 + 18 = ______

39 + 37 = ______ 19 + 57 = ______ 57 + 19 = ______

19 + 64 = ______ 64 + 19 = ______ 28 + 55 = ______

34 + 27 = ______ 28 + 33 = ______ 27 + 34 = ______

25 + 59 = ______ 39 + 45 = ______ 17 + 67 = ______

____

____

Wenn du willst, kannst du deine Rechnungen an diesem Zahlenstrahl überprüfen:

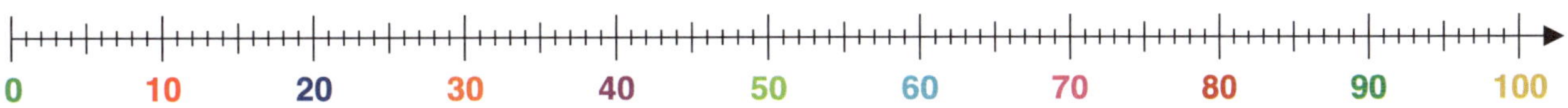

c Wer wartet vor der Schule auf Anna und Leon?
Rechne die Aufgaben und male die Felder mit den Lösungszahlen im Bild braun an.

57 + 27 = ______ 21 + 29 = ______ 96 – 24 = ______

86 – 31 = ______ 18 + 77 = ______ 69 – 18 = ______

19 + 64 = ______ 99 – 54 = ______ 78 – 55 = ______

13 + 64 = ______ 78 + 19 = ______ 28 + 34 = ______

63 Abziehen mit Zehnerübergang:
Herr Wagner erklärt an der Tafel, wie man zum Beispiel 33 – 17 = ______ ausrechnet.

Die Aufgabe 33 – **17** = ______ kannst du auf drei verschiedene Arten berechnen:

Du kannst zuerst die Zehner und dann die Einer abziehen.	33 – **10** = 23 23 – **7** = 16
Oder: Du ziehst den nächsthöheren runden Zehner ab und zählst dann die zuviel abgezogenen Einer dazu.	33 – **20** = 13 13 + **3** = 16
Oder: Du ziehst zuerst die Einer ab und dann die Zehner.	33 – **7** = 26 26 – **10** = 16

a Rechne vorteilhaft mit deinem Lösungsweg.

46 – 27 =	55 – 38 =	93 – 45 =
62 – 33 =	32 – 14 =	24 – 16 =
71 – 25 =	80 – 38 =	52 – 13 =
78 – 19 =	60 – 23 =	35 – 17 =

b Überprüfe alle Ergebnisse von Aufgabe **a** mit der Umkehraufgabe.

19 + 27 = 46	______ + ______ = ______	______ + ______ = ______
______ + ______ = ______	______ + ______ = ______	______ + ______ = ______
______ + ______ = ______	______ + ______ = ______	______ + ______ = ______
______ + ______ = ______	______ + ______ = ______	______ + ______ = ______

64 Zusammenzählen und abziehen mit Zehnerübergang:
Leon und Anna spielen Rechenbingo!

Rechne die folgenden Aufgaben in beliebiger Reihenfolge. Wenn du dein Ergebnis im Kasten findest, male das Feld aus. Wenn der Kasten ausgemalt ist, hast du gewonnen. **Bingo!** Mit viel Glück bist du nach sieben Aufgaben fertig.

B I N G O

22 + 16 = ______ 72 – 2 – 20 = ______

35 + 29 = ______ 99 – 17 = ______ 23 + 8 + 15 = ______

19 – 11 + 25 = ______ 93 – 11 + 15 = ______

15 + 17 = ______ 45 + 12 = ______ 67 – 33 = ______

90 – 24 = ______ 34 + 39 = ______

89 – 14 + 6 = ______ 78 + 22 – 13 = ______

B I N G O

46
50
64
66
73
81
82

65 Zahlenmauern rechnen:
Während Anna und Leon in der Schule sind, träumt Nico vom Mittagessen.

Rechne die Dosen-Pyramiden.

66 Zahlenrallye:
Die Kinder der 2 b veranstalten eine Zahlenrallye.
Am Start sind gerade Anna, Leon, Atasi und Anton.
Jedes Kind trägt eine Startnummer auf seinem Sport-Shirt.

Die Ergebnisse in den Zahlenfeldern musst du ausrechnen. Sie ergeben immer eine der vier Startnummern. Jedes Kind darf von oben nach unten nur auf die Felder hüpfen, deren Ergebnisse ihrer Startnummer entsprechen.

- Male Annas Felder in **roter** Farbe an.
- Male Leons Felder in **oranger** Farbe an.
- Male Atasis Felder in **gelber** Farbe an.
- Male Antons Felder in **blauer** Farbe an.

An welcher Stelle kommen die Kinder am Ende der Rallye an?
Schreibe die richtigen Namen auf die Linien unten.

17 + 61	100 − 33	17 + 29	35 + 58
19 + 74	39 + 39	54 + 13	94 − 48
69 − 23	98 − 5	99 − 21	45 + 22
89 − 11	26 + 67	58 + 9	9 + 37
51 + 42	89 − 43	89 − 22	55 + 23
↓ ______	↓ ______	↓ ______	↓ ______

Knobelaufgabe

67 Rechenquadrate lösen:
In einem Zauberquadrat sind die waagerechten, senkrechten und schrägen (diagonalen) Ergebnisse (Summen) gleich.
Die Summe ist die Zauberzahl.

28	21	26
23	25	27
24	29	22

Dieses Quadrat ist ein Zauberquadrat.

Die Zauberzahl heißt: **75**

a Berechne folgende Zauberquadrate und ergänze die fehlenden Zahlen.

		21
22	24	26
	20	25

Die Zauberzahl heißt: ______

32		30
27	29	
		26

Die Zauberzahl heißt: ______

b Baue selbst ein Zauberquadrat.

Die Zauberzahl heißt: **63**

Die Zahlen lauten: 24, 21, 19, 17, 18, 25, 23, 20, 22

c Kannst du das Rechenquadrat lösen?
Trage die Zahlen von 1 bis 9 in das Quadrat ein.
Das Ergebnis (die Summe) ergibt immer (waagerecht, senkrecht und diagonal) 15.
Du darfst jede Zahl nur einmal verwenden.

8		
	5	

Zahlen bis 100 – Malnehmen mit dem kleinen Einmaleins

68 Malaufgaben erkennen:
„Kannst du eigentlich schon malnehmen?“, fragt Anna ihren Freund Leon.
„Logisch!“, ruft Leon. „Jetzt muss ich nicht mehr so viel zusammenzählen!“

Du kannst mehrere gleiche Zahlen zusammenzählen.
Einfacher ist es, diese Zahlen **malzunehmen**. Das nennt man auch: **multiplizieren**.

Beispiel: $\underbrace{3 + 3 + 3 + 3 + 3 + 3}_{6 \cdot 3} = 18$

$6 \cdot 3 = 18$

Schreibe zu jedem Zahlengitter die Plusform, die Malform und das Ergebnis auf.

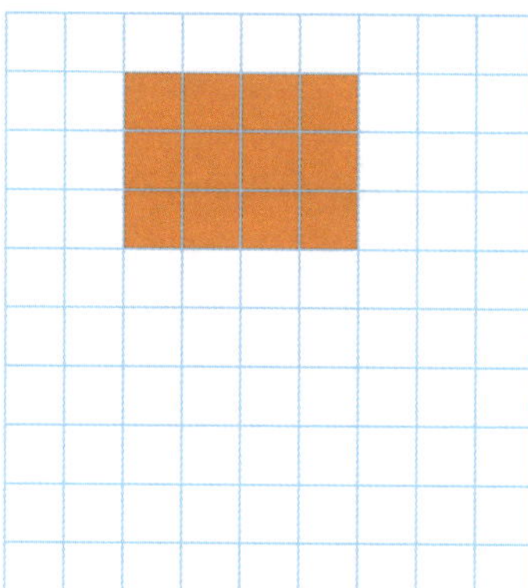

_______________________________ = ______

______ · ______ = ______

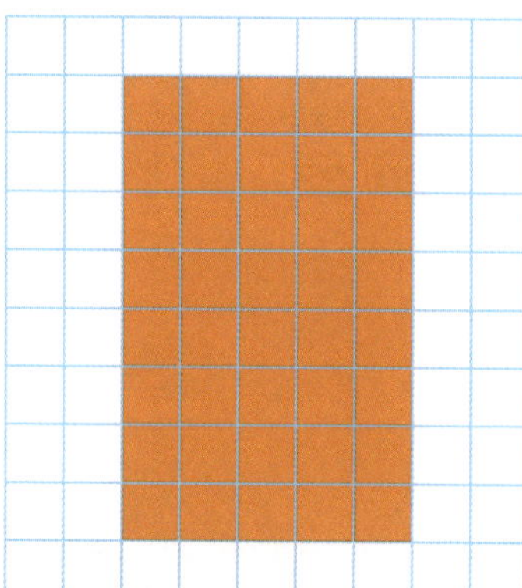

_______________________________ = ______

______ · ______ = ______

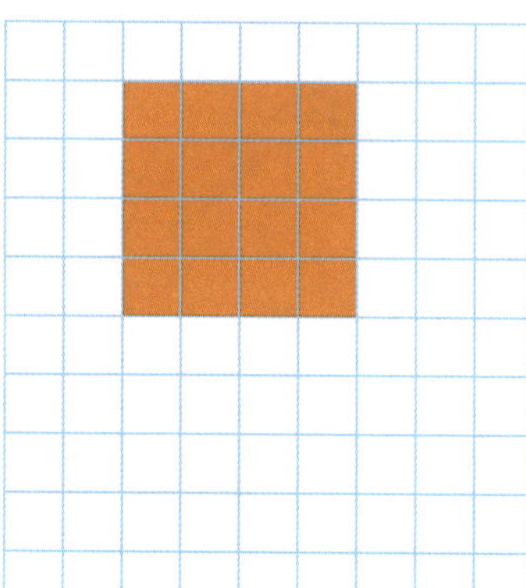

_______________________________ = ______

______ · ______ = ______

69 Malnehmen mit Kernaufgaben:
Anna und Leon sind sich sicher: „Das Malnehmen mit Kernaufgaben ist ganz leicht!“

Das Malnehmen mit **Kernaufgaben** kannst du dir so merken:

1 · 1 = 1 1 · 4 = 4	Das Ergebnis steht fast schon da.
2 · 1 = 2 2 · 4 = 8	Das Ergebnis verdoppelt sich.
10 · 1 = 10 10 · 4 = 40	Hier hängst du eine Null an.
5 · 1 = 5 5 · 4 = 20	Das Ergebnis ist die Hälfte vom Zehnfachen.

a Rechne die Kernaufgaben: das **Doppelte**

1 · 2 = ______	1 · 5 = ______	1 · 7 = ______
2 · 2 = ______	2 · 5 = ______	2 · 7 = ______
1 · 8 = ______	1 · 9 = ______	1 · 10 = ______
2 · 8 = ______	2 · 9 = ______	2 · 10 = ______
1 · 6 = ______	1 · 3 = ______	1 · 1 = ______
2 · 6 = ______	2 · 3 = ______	2 · 1 = ______

b Rechne die Kernaufgaben: beim **Zehnfachen** eine Null anhängen

1 · 3 = ______	1 · 5 = ______	1 · 7 = ______
10 · 3 = ______	10 · 5 = ______	10 · 7 = ______
1 · 6 = ______	1 · 8 = ______	1 · 9 = ______
10 · 6 = ______	10 · 8 = ______	10 · 9 = ______
1 · 2 = ______	1 · 4 = ______	1 · 1 = ______
10 · 2 = ______	10 · 4 = ______	10 · 1 = ______

c Rechne die Kernaufgaben: die **Hälfte** vom Zehnfachen

10 · 8 = ______	10 · 7 = ______	10 · 10 = ______
5 · 8 = ______	5 · 7 = ______	5 · 10 = ______
10 · 9 = ______	10 · 6 = ______	10 · 2 = ______
5 · 9 = ______	5 · 6 = ______	5 · 2 = ______
10 · 5 = ______	10 · 4 = ______	10 · 3 = ______
5 · 5 = ______	5 · 4 = ______	5 · 3 = ______

70 Quadratzahlen kennen:
Die Klasse 2 b berechnet jetzt die Quadratzahlen.

Quadratzahlen entstehen, wenn du zwei gleiche Zahlen miteinander malnimmst.
Bei den Kernaufgaben hast du schon diese Quadratzahlen kennengelernt:
1 · 1 = 1 **2 · 2** = 4 **5 · 5** = 25 **10 · 10** = 100

Suche in jedem Rechteck die Quadratzahlen, kreise sie **rot** ein und schreibe sie als Einmaleinsaufgabe.

100 33 45 (4) 19 26 14 17 92 68

2 · 2 = 4

65 49 14 17 59 42 25 23 16 98

9 32 99 81 15 37 36 18 29

2 5 15 17 32 66 93 64 49 74 18 57

Anna bringt die Quadratzahlen immer durcheinander. Jetzt hat sie sich einen Merkspruch ausgedacht. Vielleicht hilft er dir auch?

0 mal 0 ist keins und 1 mal 1 ist eins.
2 mal 2 ist 4, die Maus spielt gern Klavier.
3 mal 3 ist 9, da kann die Maus sich freun.
4 mal 4 ist 16, im Dunkeln kann man schlecht sehn.
5 mal 5 ist 25, ein Tausendfuß die Schuhe band sich.
6 mal 6 ist 36, auch beim Spielen bin ich fleißig.
7 mal 7 ist 49, Essen mag ich scharf und würzig.
8 mal 8 ist 64, Mama sagt oft: „Faul sein rächt sich!"
9 mal 9 ist 81, manchmal bin ich frech und patzig.
10 mal 10 ist 100, rechne nach, wenn es dich wundert!

71 Einmaleins-Zahlenmauern rechnen:
„Ich rechne schon Einmaleins-Mauern!“, ruft Anna stolz.

Das kannst du auch: Die Malaufgabe berechnest du aus zwei benachbarten Steinen. Das Ergebnis steht im Stein darüber. Achte dabei aber auf die Aufgaben mit null!

Wenn du mit **null** malnimmst, musst du aufpassen:
Jede Zahl, die du mit **null** malnimmst, ergibt **null**.

Beispiele:	$4 \cdot 0 = 0$	$10 \cdot 0 = 0$	$9 \cdot 0 = 0$
	$0 \cdot 4 = 0$	$0 \cdot 10 = 0$	$0 \cdot 9 = 0$

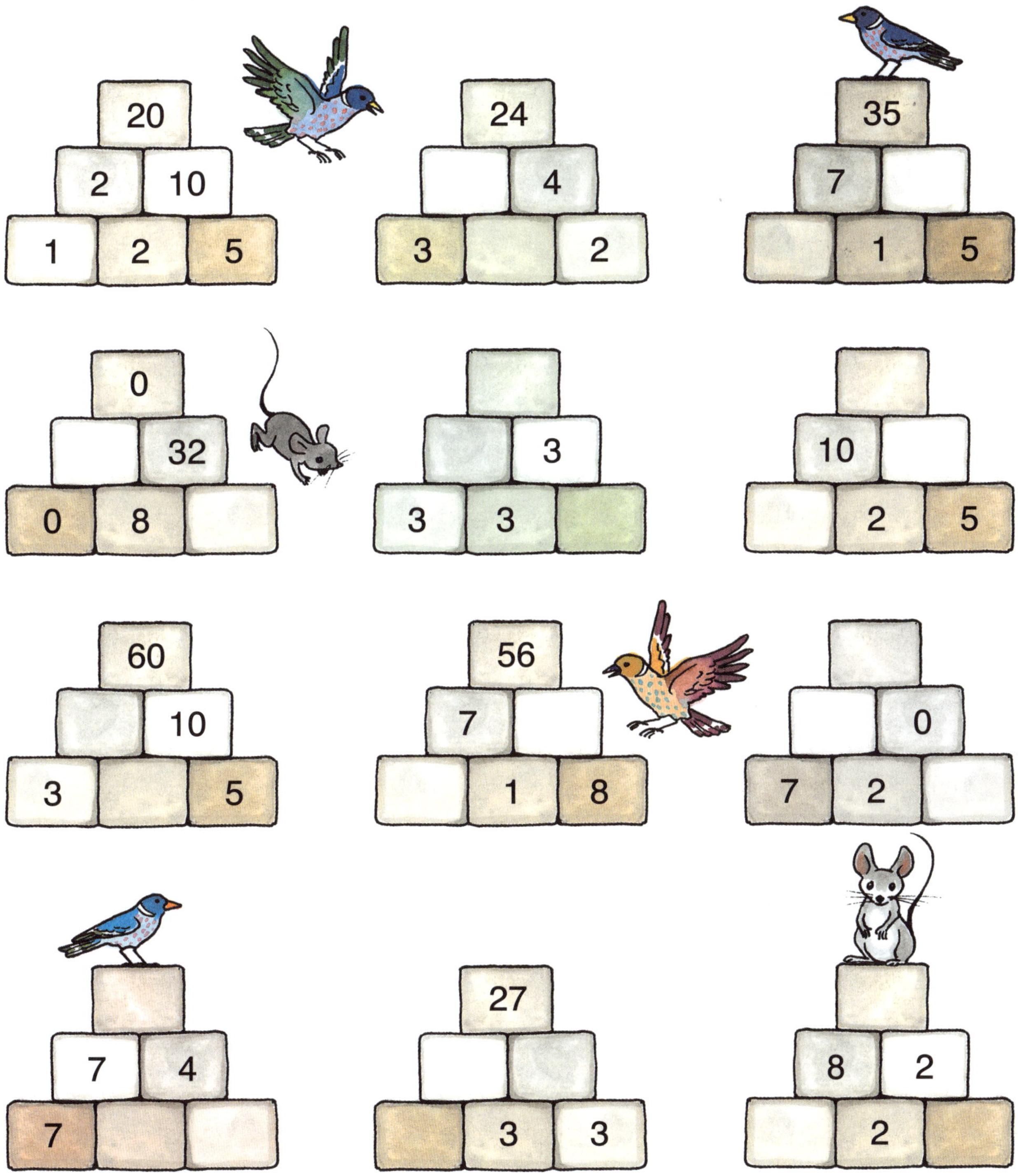

72 Einmaleins-Reihen rechnen:
„So ein schönes Aquarium!“, staunt Anna.
„Aber die Fische sind gar nicht bunt“, mault Leon.

a Male alle Fische aus dem Vierer-Einmaleins **blau** und alle Fische aus dem Fünfer-Einmaleins **rot** an.

b Male alle Fische aus dem Neuner-Einmaleins **grün** und alle Fische aus dem Siebener-Einmaleins **gelb** an.

c Male alle Fische aus dem Sechser-Einmaleins **lila** und alle Fische aus dem Achter-Einmaleins **orange** an.

73 Einmaleins-Reihen üben:
Die Einmaleins-Reihen solltest du auswendig können.

Rechne im Kopf und schreibe das Ergebnis auf.

a

1 · 4 = ______	1 · 9 = ______	3 · 4 = ______	9 · 9 = ______
3 · 9 = ______	2 · 4 = ______	2 · 9 = ______	6 · 4 = ______
5 · 4 = ______	5 · 9 = ______	9 · 4 = ______	4 · 4 = ______
4 · 9 = ______	7 · 4 = ______	6 · 9 = ______	8 · 4 = ______
8 · 9 = ______	7 · 9 = ______	7 · 3 = ______	7 · 5 = ______

b In **a** findest du eine Aufgabe mit ihrer Tauschaufgabe. Umkreise sie.

74 Aufgaben zum Einmaleins finden:
Anna hat aus dem Urlaub viele schöne Muscheln mitgebracht.

Schreibe zu den angegebenen Zahlen die Einmaleinsaufgabe und die entsprechende Tauschaufgabe auf.

63 = 7 · 9
63 = 9 · 7

75 Zusammengesetzte Malaufgaben:
Jetzt soll die Klasse 2 b zusammengesetzte Malaufgaben berechnen.
Anna und Leon haben schon eine Idee, wie man die Aufgaben schnell ausrechnen kann.

Bei zusammengesetzten Malaufgaben musst du zwei Malaufgaben zusammenzählen oder voneinander abziehen.

Beispiel: **4** · 3 + **2** · 3 = **6** · 3 = 18

Du rechnest zuerst **4** · 3. Das ist 12.
Dann rechnest du **2** · 3. Das ist 6.
Du zählst 12 und 6 zusammen. Das ist 18.

Du siehst: **4** · 3 + **2** · 3 ist dasselbe wie **6** · 3.

Berechne die zusammengesetzten Malaufgaben.

3	·	5	+	5	·	5	=			·	5	=		
2	·	9	+	6	·	9	=			·	9	=		
7	·	6	+	3	·	6	=			·	6	=		
	·	5	+	5	·	5	=		9	·	5	=		
5	·		+	3	·		=		8	·		=	3	2
1	0	·	3	–	7	·	3	=	3	·	3	=		
	8	·	4	–	4	·	4	=		·	4	=		
	4	·	9	–	3	·	9	=		·	9	=		
	9	·	3	–		·	3	=		·	3	=		9
		·	7	–	3	·	7	=		·	7	=	4	9
3	·	7	+	4	·	7	=			·	7	=		
6	·	2	+	3	·	2	=			·	2	=		
4	·	6	+	3	·	6	=			·	6	=		
8	·	3	+		·	3	=	1	0	·	3	=		
2	·	6	+		·	6	=			·	6	=	3	6
9	·	8	–	4	·	8	=			·	8	=		
7	·	2	–	5	·	2	=			·	2	=		
6	·	7	–	6	·	7	=			·	7	=		
5	·	8	–		·	8	=			·	8	=	2	4
	·	2	–	2	·	2	=			·	2	=		4
	·	3	+	5	·	3	=	2	7					
9	·	8	–		·	8	=	8						
3	·		+	4	·	6	=	4	2					
	·	5	+	3	·	5	=	5	0					
6	·	5	+		·	5	=	3	5					
4	·	7	+		·	7	=	4	9					
9	·	4	–		·	4	=	3	6					
8	·	9	–		·	9	=	9						

Knobelaufgabe

76 Einmaleinsaufgaben bilden:
Immer drei Zahlen gehören zusammen.

a Drei Muscheln bilden eine Einmaleinsaufgabe, zum Beispiel: 9 · 8 = 72.
Male die zusammengehörenden Muscheln mit derselben Farbe an.

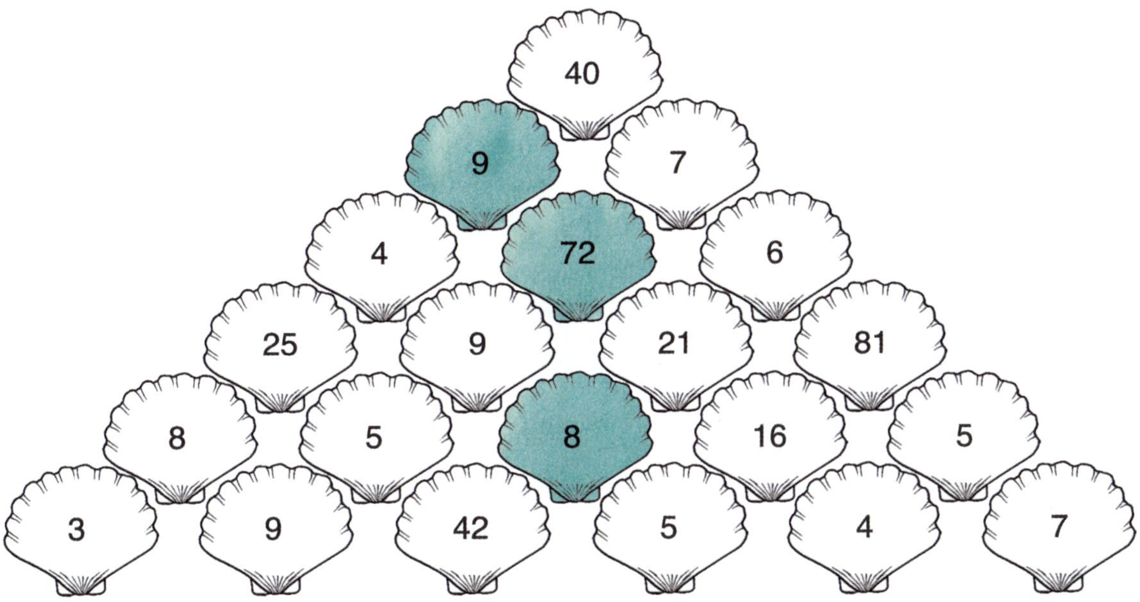

b Drei Fische bilden eine Einmaleinsaufgabe, zum Beispiel: 2 · 10 = 20.
Male die zusammengehörenden Fische mit derselben Farbe an.

Zahlen bis 100 – Teilen mit dem kleinen Einmaleins

77 Geteiltaufgaben erkennen: Leon hat 12 Bonbons. Er will sie mit Anna gerecht teilen. „12 Bonbons und 2 Personen? Wie muss ich das jetzt rechnen?“, überlegt Leon.

Das **gleichmäßige Teilen** einer Menge durch eine bestimmte Zahl nennt man **Division**. Zur Probe kann die Umkehraufgabe gerechnet werden.

Beispiel: 12 Bonbons : 2 Personen
= 12 : 2 = 6 Probe: 6 · 2 = 12

Kreise ein und schreibe die passende Geteiltaufgabe auf:

a

24 : ______ = ______

b

30 : ______ = ______

c

______ : ______ = ______

78 Teilen und prüfen:
„Wenn ich mir unsicher bin, prüfe ich mein Ergebnis einfach nach!“, sagt Leon.

Berechne die Geteiltaufgaben. Überprüfe, indem du die Kreise farbig ausmalst.

8 : 4 = 2

15 : 5 = ______

18 : 6 = ______

20 : 4 = ______

21 : 7 = ______

32 : 8 = ______

15 : 3 = ______

36 : 9 = ______

79 Teilen und umkehren:
„Um meine Rechnung zu prüfen, rechne ich die Umkehraufgabe“, sagt Anna.

Mache es Anna nach: Teile und kontrolliere dein Ergebnis mit der Umkehraufgabe.

a

50 : 5 =	40 : 5 =	50 : 10 =
· 5 =	· 5 =	· 10 =
42 : 7 =	21 : 3 =	56 : 8 =
· 7 =	· 3 =	· 8 =
32 : 4 =	27 : 9 =	18 : 6 =
· 4 =	· 9 =	· 6 =
63 : 7 =	72 : 9 =	36 : 4 =
· 7 =	· 9 =	· 4 =

b

36 : 6 =	49 : 7 =	9 : 3 =
· 6 =	· 7 =	· 3 =
25 : 5 =	16 : 4 =	81 : 9 =
· 5 =	· 4 =	· 9 =
64 : 8 =	4 : 2 =	100 : 10 =
· 8 =	· 2 =	· 10 =

80 Geteiltaufgaben zerlegen:
Anna macht das Teilen Spaß. Doch manchmal sind ihr die Zahlen zu schwierig. Herr Wagner rät Anna: „Zerlege die Aufgaben in mehrere leichte Aufgaben. Die Ergebnisse dieser Teil-Aufgaben zählst du zusammen."

Wenn du eine Geteiltaufgabe nicht auf Anhieb lösen kannst, dann überlege dir, ob du die Aufgabe in **Teil-Aufgaben** zerlegen kannst, die leichter auszurechnen sind. Die Ergebnisse dieser leichteren Geteiltaufgaben zählst du zusammen und erhältst dann das Endergebnis.

Beispiel: 42 : 6 = ____
42 : 6
30 : 6 = **5**
12 : 6 = **2**
42 : 6 = **7**

Zerlege in Teil-Aufgaben und rechne aus.

24 : 2	25 : 5	48 : 8
22 : 2	36 : 6	39 : 3
33 : 3	77 : 7	54 : 6
35 : 5	28 : 4	32 : 2

81 Rechnungen finden:
Aus den drei Zahlen 3, 5, 15 kannst du vier Rechnungen bilden.

$3 \cdot 5 = 15$ $\quad$ $15 : 5 = 3$

$5 \cdot 3 = 15$ $\quad$ $15 : 3 = 5$

a Schreibe jeweils vier Rechnungen auf.

7 / 56 / 8 $\quad$ 63 / 9 / 7 $\quad$ 6 / 8 / 48

8 / 9 / 72 $\quad$ 42 / 7 / 6 $\quad$ 9 / 5 / 45

b Fülle die Notizzettel aus.

6 / 9 / 54

$6 \cdot 9 = 54$

$9 \cdot 6 = 54$

$54 : 6 =$

$: 9 = 6$

8 / 2 / 16

4 / 7 / 28

9 / 5 / 45

3 / 4 / 12

8 / 7 / 56

82 Teilen mit Rest:
„Wenn ich teile, geht es manchmal nicht richtig auf!“, bemerkt Anna.
„Das nennt man dann Teilen mit Rest“, weiß Leon.

Manchmal bleibt beim Teilen etwas übrig. Da aber immer gerecht (also gleichmäßig) verteilt werden muss, bleibt der übrig gebliebene Teil als Rest stehen.

Beispiel: 25 : 3 = 8 Rest **1** oder kürzer: 8 **R 1**

Das Ergebnis kannst du mit der Umkehraufgabe überprüfen:

Beispiel: $8 \cdot 3 = 24$
$24 + 1 = 25$

a Im Sportunterricht nimmt Herr Wagner immer zwei Bälle aus einer Kiste. Umkreise immer zwei Bälle. Geht es auf oder bleibt ein Rest?

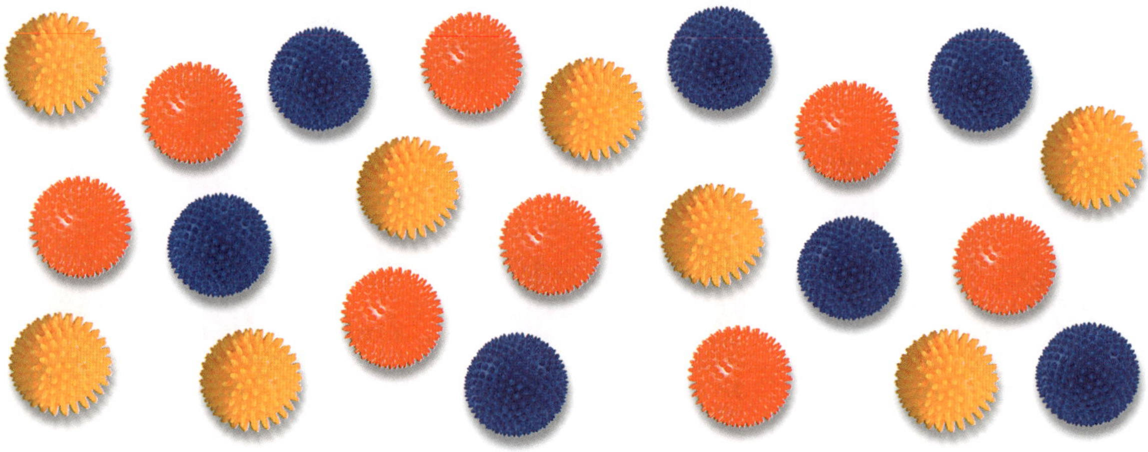

23 : 2 = ______ Rest ______

b Auf Pfiff sollen sich die 23 Kinder der Klasse 2 b ganz schnell in vier Reifen stellen. In jedem Reifen sollen gleich viele Kinder stehen. Bleiben Kinder übrig?

Die kleinen Kreise stellen die Kinder dar. Verteile sie auf die vier Reifen.

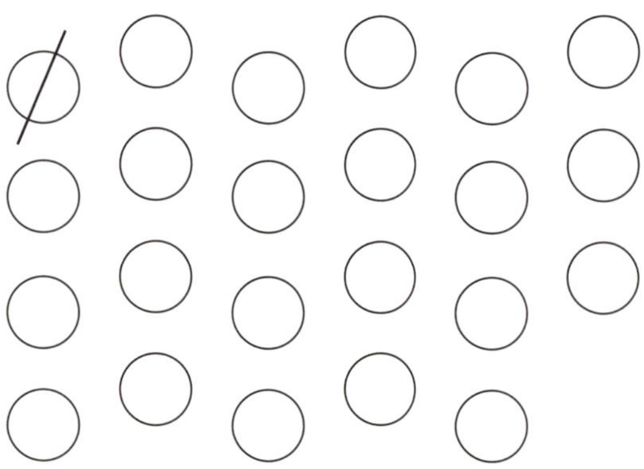

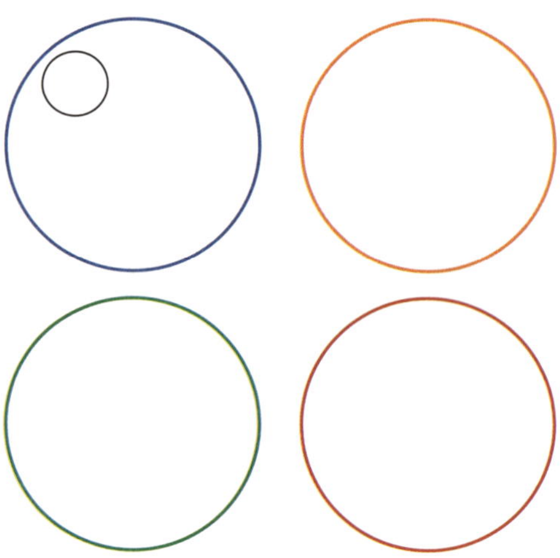

Schreibe die Geteiltaufgabe auf:

23 : 4 = ______ Rest ______

83 Mit Rest teilen:
„Ich kann jetzt auch mit Rest teilen!“, behauptet Anna.

Rechne mit und kontrolliere dein Ergebnis mit der Umkehraufgabe.

Beispiel: 27 : 6 = 4 R 3
4 · 6 = 24
24 + 3 = 27

21 : 5	19 : 6	38 : 5
45 : 7	22 : 5	58 : 8
57 : 7	65 : 8	75 : 9
83 : 9	37 : 6	37 : 4
28 : 3	49 : 5	55 : 6
47 : 5	31 : 6	25 : 3
17 : 2	59 : 7	26 : 9

84 Kreuz und quer rechnen:
Anna und Leon spielen ein Hüpf-Spiel. Sie teilen alle Zahlen in den Reifen durch die Zahl 6. Anna hüpft durch alle Reifen mit dem Rest 3. Leon hüpft durch alle Reifen mit dem Rest 2. Nico macht auch mit. Er rennt über alle Reifen ohne Rest.

Rechne und male Leons Weg **grün**, Annas Weg **gelb** und Nicos Weg **rot** an.

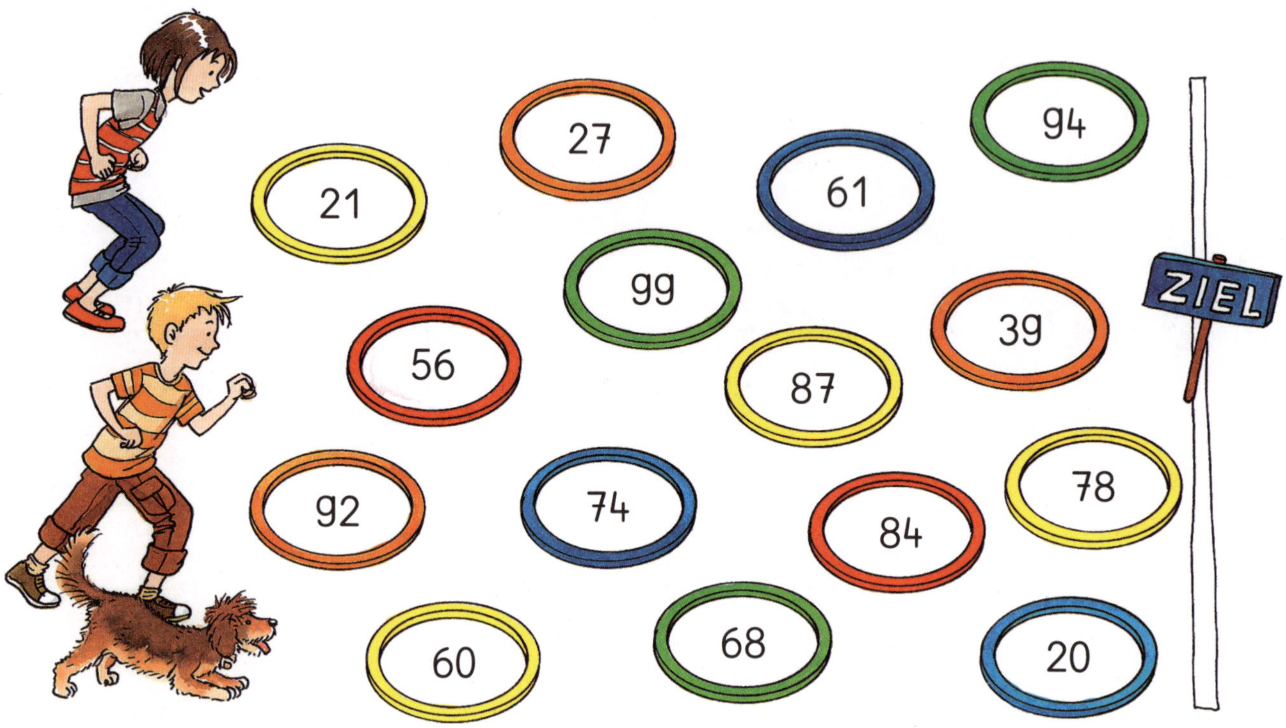

85 Mehrere Schritte rechnen:
Anna und Leon veranstalten ein Schneckenrennen.

Rechne die Schneckenspuren nach.

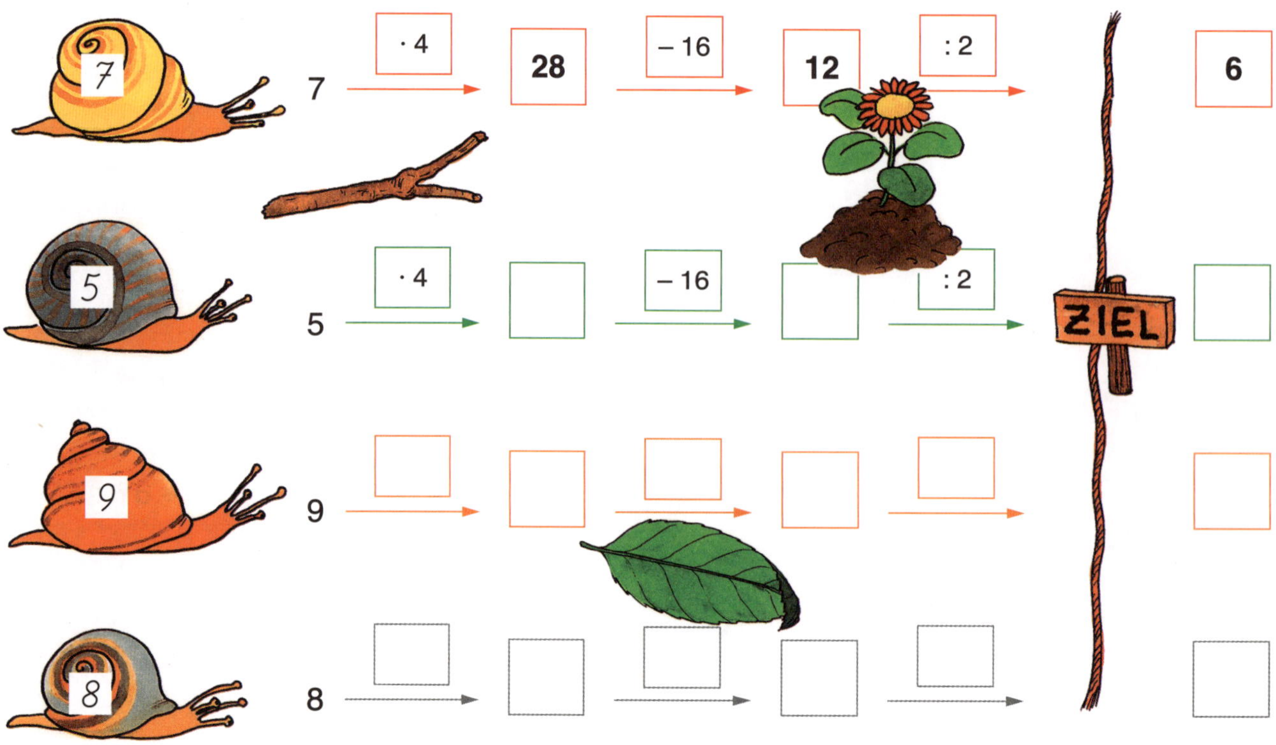

Rechnen 3. Klasse – Tipps zum Üben

In der 3. Klasse lernt Ihr Kind den Zahlenraum bis 1 000 kennen und übt das schriftliche Addieren (Plusrechnen) und Subtrahieren (Minusrechnen), das Runden und alle Einmaleinsreihen. Zur Festigung dieser Grundlagen werden vielfältige Aufgaben angeboten. Zusätzlich können Sie mit Ihrem Kind spielerisch im Alltag üben.

Zahlen bis 1 000 kennenlernen

- Vielen Kindern fällt es schwer, sich im Zahlenraum bis 1 000 zu orientieren. Deshalb sollten Sie gemeinsam überlegen, wo die Zahl im Alltag zu finden ist. Sie können z. B. testen, ob 1 000 Reiskörner für das Mittagessen reichen. Oder Ihr Kind schätzt, wie viele Seiten der Roman hat, den Mama gerade liest, und sieht dann nach.

Rechnen bis 1 000: Kopfrechnen und schriftliches Rechnen

- Kopfrechnen ist Gehirnjogging pur: Es trainiert das Arbeitsgedächtnis. Wer das Kopfrechnen beherrscht, kommt auch mit dem schriftlichen Rechnen besser klar. Nutzen Sie Kopfrechentrainer im Internet und rechnen Sie um die Wette.
- Spielen Sie mit Ihrem Kind Zahlenspiele wie Kniffel. Lassen Sie es seine Punktzahl berechnen und am Ende ermitteln, wer gewonnen hat.

Das Einmaleins: Malnehmen und Teilen

- Lassen Sie Ihr Kind beispielsweise berechnen, wie viele Joghurts Sie kaufen müssen, wenn jedes Familienmitglied fünf Stück bekommen soll. Und wie können 50 Bonbons gerecht aufgeteilt werden?
- Beim Backen kann Ihnen Ihr Kind dabei helfen, die im Rezept angegebenen Mengen der Zutaten zu reduzieren oder zu vergrößern. Wie viel Mehl braucht man für halb so viele Muffins? Und wie viel Milch für die dreifache Anzahl von Pfannkuchen?

Zahlen bis 1 000 – Zahlen darstellen und ordnen

86 Anna, Leon und ihre Freunde schlendern über den Flohmarkt. An einem Stand mit Bastelmaterial bleiben sie stehen. Sie möchten sich Freundschaftsarmbänder knüpfen. An dem Stand gibt es viele verschiedenfarbige Perlen.

Zu Hause schreiben sie auf, wie viele Perlen sie gekauft haben.
Die Zahlen schreiben die Kinder so:

□ = Hunderter | = Zehner ○ = Einer

Wie viele Perlen haben die Kinder gekauft?

Anna: □ □ | | | | | ○ ○ ____________

Leon: □ □ □ | ○ ○ ○ ○ ○ ____________

Adriano: □ □ □ □ □ | | ○ ○ ○ ____________

Lea: □ □ □ □ | | | ○ ○ ○ ○ ○ ○ ○ ○ ____________

Anton: □ □ □ □ □ □ ○ ○ ○ ○ ____________

Jule: □ □ □ | | | | | | | | | | ____________

87 Anna, Leon und Adriano schreiben dieselbe Zahl verschieden auf:
Anna sagt: „Ich schreibe die Zahl Dreihundertzweiundvierzig so:
□□□ |||| ○○."
Leon sagt: „So geht es am schnellsten: 342."
Adriano sagt: „Man könnte sie aber auch so schreiben: 3H 4Z 2E."
Schreibe die Zahlen verschieden auf und ergänze die folgende Tabelle.

				H	Z	E
□□□□ | ○○○○○						
	7H 4Z 2E					
		607				
			fünfhundertdreizehn			
				8	5	0
	9H 6Z 1E					
			siebenhundertneun			
□□ ||||| ○○○○○○○○						

88 In dieses Hunderterfeld gehören die Zahlen von 301 bis 400.

a Wie heißen die grün markierten Zahlen? Schreibe sie richtig in die Kästen.

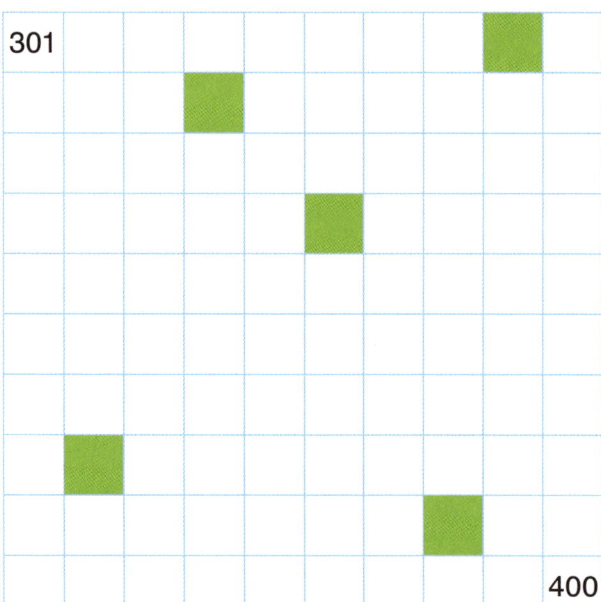

b Zeichne folgende Perlen in die richtigen Felder:
rote Perle bei 363, **blaue** Perle bei 341, **grüne** Perle bei 395,
gelbe Perle bei 307, **lila** Perle bei 366, **orange** Perle bei 380

89 Ordne jedem Buchstaben die richtige Zahl zu.
Achte dabei auf die Einteilung des Zahlenstrahls!

Durch die vorgegebenen Zahlen erkennst du die Einteilung des **Zahlenstrahls**.

Beispiel:
Sind zwischen 600 und 700 zehn Striche, steht jeder Strich für einen Zehner.
Hier kannst du nur glatte Zehnerzahlen genau angeben.
Sind die zehn Striche zwischen 600 und 610, handelt es sich um eine Einteilung in Einerschritte.

a

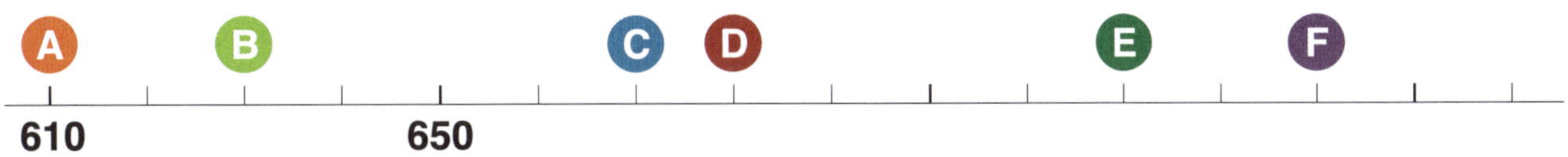

A: _______ B: _______ C: _______ D: _______ E: _______ F: _______

b

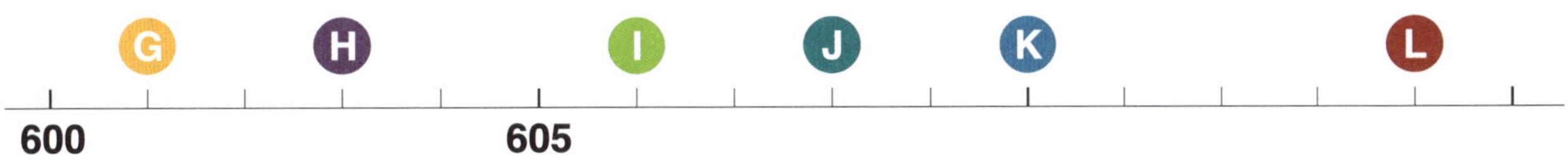

G: _______ H: _______ I: _______ J: _______ K: _______ L: _______

c

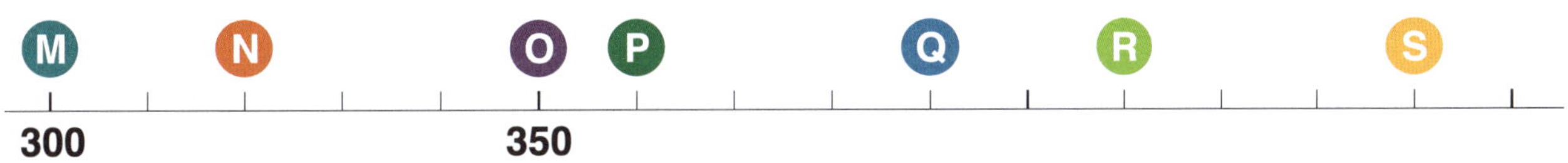

M: _______ N: _______ O: _______ P: _______ Q: _______ R: _______ S: _______

d

T: _______ U: _______ V: _______ W: _______ X: _______ Y: _______ Z: _______

90 Ergänze die fehlenden Zahlen in der Rechenschlange.

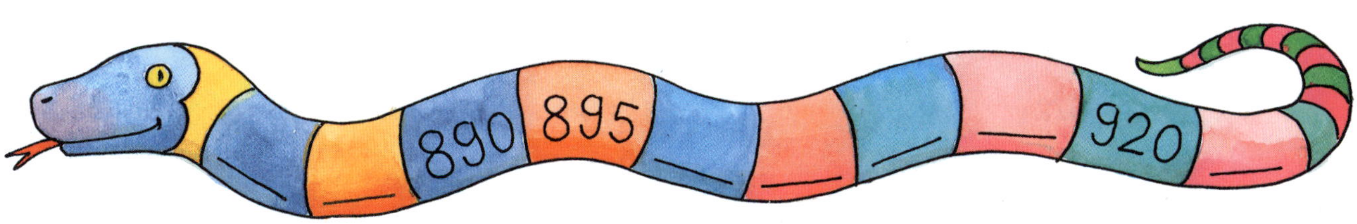

91 Vergleiche die Zahlen und setze richtig ein: <, >, =

Mit dem **Größerzeichen** (>), dem **Kleinerzeichen** (<) und dem **Istgleichzeichen** (=) kannst du Zahlen oder Rechenausdrücke vergleichen.

Beispiel:

500 **<** 700	500 **>** 300	500 **=** 500
500 ist **kleiner als** 700.	500 ist **größer als** 300.	500 ist **gleich** 500.

371 ◯ 486   507 ◯ 570   261 ◯ 162   498 ◯ 948

3H 6Z 4E ◯ 6Z 4E 3H   3Z 7E ◯ 3H 7Z

3E 2H 9Z ◯ 9E 2H   3H 4E 8Z ◯ 3H 4Z 8E

Tipp!
Schau zuerst auf den Hunderter.
Wenn dieser bei beiden Zahlen gleich ist, vergleiche die Zehner, dann die Einer.

92 Nachbarn gesucht!

a Finde zu folgenden Zahlen die Einernachbarn.

___ 307 ___   ___ 499 ___   ___ 280 ___

___ 446 ___   ___ 800 ___   ___ 209 ___

b Finde zu folgenden Zahlen die Zehnernachbarn.

Ein **Zehnernachbar** ist immer eine glatte Zehnerzahl, ein **Hunderternachbar** ist immer eine glatte Hunderterzahl.

Beispiel:
521
Zehnernachbarn: 520 und 530
Hunderternachbarn: 500 und 600

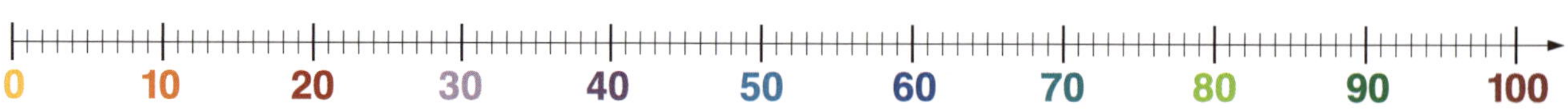

___ 332 ___   ___ 581 ___   ___ 637 ___

___ 496 ___   ___ 370 ___   ___ 209 ___

c Finde zu folgenden Zahlen die Hunderternachbarn.

___ 572 ___   ___ 238 ___   ___ 699 ___

___ 407 ___   ___ 93 ___   ___ 700 ___

93 Anna und Leon spielen „Hausnummern würfeln“. Bei diesem Spiel gewinnt derjenige, der die höchste Zahl erwürfelt.

a Anna würfelt eine 3, eine 2 und eine 8.
Welche Zahlen kann sie mit diesen Ziffern bilden?
Ordne die Zahlen der Größe nach und trage die größte in Annas Kästchen ein.

____

H	Z	E

b Leon würfelt eine 4, eine 0 und eine 9.
Verfahre ebenso wie bei Anna.

____

H	Z	E

c Wer hat also gewonnen? _______________________________

94 Adriano, Jule und Anton spielen nun auch mit. Kannst du herausfinden, welche Zahlen sie gewürfelt haben?

a Adriano: „Meine Zahl hat drei Einer, doppelt so viele Zehner und dreimal so viele Hunderter.“

Seine Zahl heißt: ____________

b Jule: „Meine Zahl besteht aus den Ziffern 1, 5, 8. Sie ist größer als 800, aber kleiner als 850.“

Ihre Zahl heißt: ____________

c Anton: „Meine Zahl ist die größte dreistellige Zahl mit unterschiedlichen Ziffern.“

Seine Zahl heißt: ____________

d Wer hätte mit seinen Ziffern welche größere Zahl bilden können? ____________

95 Setze die Reihen fort.

a 250, 260, 270, ________, ________, ________, ________, ________

b 500, 550, 600, ________, ________, ________, ________, ________

c 130, 160, 190, ________, ________, ________, ________, ________

d 780, 760, 740, ________, ________, ________, ________, ________

e 1 000, 940, 880, ________, ________, ________, ________, ________

Zahlen bis 1 000 – Halbschriftlich rechnen

96 Am Abend zählen die Kinder die Perlen, die sie noch nicht für ihre Freundschaftsbänder verbraucht haben. Leon: „Ich habe noch 213 Perlen und Anna hat noch 129 Perlen." Adriano: „Wie viele Perlen sind das denn zusammen?"

Schwierigere Plusaufgaben kannst du zerlegen, um sie einfacher zu rechnen. Es gibt mehrere Möglichkeiten, wie du die Aufgabe zerlegen kannst.

Beispiel:
213 + 129

1. Möglichkeit:
Du zählst zuerst die **Hunderter** beider Zahlen, dann die **Zehner** beider Zahlen und zum Schluss die **Einer** zusammen. Die einzelnen Ergebnisse addierst (+) du.

200 + **100** =	300
10 + **20** =	30
3 + **9** =	12
	342

2. Möglichkeit:
Du addierst zur 1. Zahl erst die **Einer** der 2. Zahl, dann die **Zehner** und zum Schluss die **Hunderter**.

213 + **9** =	222
222 + **20** =	242
242 + **100** =	342

3. Möglichkeit:
Du addierst zur 1. Zahl die **Hunderter** der 2. Zahl. Die Zehner und Einer ergänzt du zum nächsten **vollen Zehner**. Dann musst du das, was du **zu viel** addiert hast, wieder abziehen.

213 + **100** =	313
313 + **30** =	343
343 – **1** =	342

Rechne mit einem Weg. Überprüfe das Ergebnis auf einem Nebenblatt mit einem anderen Rechenweg.

485 + 271 =	608 + 375 =
268 + 571 =	362 + 490 =
511 + 293 =	107 + 668 =

97 Auch beim Subtrahieren (–) gibt es verschiedene Möglichkeiten.

Auch beim Abziehen kannst du die Aufgaben zerlegen, um sie einfacher zu rechnen. Es gibt wieder mehrere Möglichkeiten, wie du die Aufgaben zerlegen kannst.

Beispiel:
345 – 128

1. Möglichkeit:
   Du ziehst von der 1. Zahl die **Einer** der 2. Zahl ab. — 345 – **8** = 337
   Vom Ergebnis ziehst du die **Zehner** der 2. Zahl ab — 337 – **20** = 317
   und wieder vom Ergebnis die **Hunderter**. — 317 – **100** = 217

2. Möglichkeit:
   Du ziehst von der 1. Zahl die **Hunderter** der 2. Zahl ab. — 345 – **100** = 245
   Die Zehner und Einer der 2. Zahl ergänzt du auf den nächsten **vollen Zehner** und ziehst ihn ab. — 245 – **30** = 215
   Dann addierst du zum Ergebnis das, was du zuvor **zu viel** abgezogen hast. — 215 + **2** = 217

Rechne nun selbst. Kontrolliere dein Ergebnis auf einem Nebenblatt durch den zweiten Lösungsweg.

651 – 218 =	529 – 264 =
845 – 379 =	720 – 432 =
609 – 385 =	914 – 506 =
423 – 172 =	894 – 638 =
764 – 351 =	630 – 357 =

Zahlen bis 1 000 – Ergänzen auf 1 000

Adriano überlegt am Abend: „Ich habe 523 Perlen gekauft und Leon 315 Perlen. Das sind zusammen doch sicher fast 1 000 Perlen."
Die Kinder rechnen nach: 523 + 315 = 838
Leon ruft schnell: „Da fehlen noch 162 Perlen bis 1 000."
Die anderen sind verblüfft: „Wie konntest du das denn so schnell ausrechnen?"
„Ist doch ganz leicht!", antwortet Leon.

Beim **Ergänzen** gehst du schrittweise vor.

Beispiel:
Ergänze 838 auf 1 000.

Ergänze zuerst auf den nächsten Zehner.	838 + 2 = 840
Rechne von dort aus zum nächsten Hunderter.	840 + 60 = 900
Ergänze von dort aus auf 1 000.	900 + 100 = 1 000

98 Rechne nun selbst. Ergänze zuerst schrittweise.

364 + ______ + ______ + ______ = 1 000, also 364 + ________ = 1 000

328 + ______ + ______ + ______ = 1 000, also 328 + ________ = 1 000

432 + ______ + ______ + ______ = 1 000, also 432 + ________ = 1 000

725 + ______ + ______ + ______ = 1 000, also 725 + ________ = 1 000

247 + ______ + ______ + ______ = 1 000, also 247 + ________ = 1 000

602 + ______ + ______ + ______ = 1 000, also 602 + ________ = 1 000

99 Jetzt kannst du die Zwischenschritte sicher schon im Kopf rechnen.

637 + ________ = 1 000	107 + ________ = 1 000
328 + ________ = 1 000	583 + ________ = 1 000
464 + ________ = 1 000	759 + ________ = 1 000
560 + ________ = 1 000	921 + ________ = 1 000
802 + ________ = 1 000	83 + ________ = 1 000
419 + ________ = 1 000	368 + ________ = 1 000

Zahlen bis 1 000 – Runden von Zahlen

Anna kauft auf dem Flohmarkt Perlen für neue Armbänder. Sie fragt den Verkäufer, wie viele Perlen sie für drei Armbänder braucht. „Du brauchst pro Armband ungefähr 250 Perlen", antwortet der Verkäufer.

Nicht immer ist es notwendig, die genaue Anzahl zu kennen. Mit gerundeten Zahlen kannst du eine Überschlagsrechnung bilden und das Ergebnis abschätzen.

Bei den Ziffern 0, 1, 2, 3 und 4 wird **abgerundet**, bei den Ziffern 5, 6, 7, 8, und 9 wird **aufgerundet**.
Mit dem Zeichen „~" zeigst du an, dass die Zahl „ungefähr" so groß ist.
Willst du auf Zehner runden, entscheidet die Einerstelle, ob auf- oder abgerundet wird.
Willst du auf Hunderter runden, entscheidet die Zehnerstelle.

Beispiele:

114 gerundet auf Zehner: 114 ~ 110

114 gerundet auf Hunderter: 114 ~ 100

187 gerundet auf Zehner: 187 ~ 190

187 gerundet auf Hunderter: 187 ~ 200

100 Runde auf Zehner. Achte dabei auf die Einer.

175 ~ ______	347 ~ ______	371 ~ ______	906 ~ ______
555 ~ ______	739 ~ ______	603 ~ ______	609 ~ ______
327 ~ ______	658 ~ ______	832 ~ ______	574 ~ ______
959 ~ ______	441 ~ ______	266 ~ ______	498 ~ ______

101 Runde auf Hunderter. Achte dabei auf die Zehner.

948 ~ ______	347 ~ ______	371 ~ ______	684 ~ ______
555 ~ ______	739 ~ ______	603 ~ ______	906 ~ ______
283 ~ ______	475 ~ ______	839 ~ ______	750 ~ ______
541 ~ ______	163 ~ ______	252 ~ ______	498 ~ ______

102 Entscheide, ob Anna richtig gerundet hat.
Streiche die falschen Aufgaben durch und verbessere sie.

a Hier wurde auf Zehner gerundet.

472 ~ 470	739 ~ 730	603 ~ 613	906 ~ 900
______	______	______	______
788 ~ 790	384 ~ 380	266 ~ 260	568 ~ 570
______	______	______	______

b Hier wurde auf Hunderter gerundet.

551 ~ 500	699 ~ 700	216 ~ 200	401 ~ 400
______	______	______	______
382 ~ 400	249 ~ 300	738 ~ 700	769 ~ 700
______	______	______	______

103 Welche Zahlen könnten gerundet worden sein?

a Hier wurde auf Zehner gerundet.

Beispiel:
~ 250 können die Zahlen 245 bis 254 sein.

~ 670 können die Zahlen ______ bis ______ sein.

~ 120 können die Zahlen ______ bis ______ sein.

b Hier wurde auf Hunderter gerundet.

~ 700 können die Zahlen ______ bis ______ sein.

~ 200 können die Zahlen ______ bis ______ sein.

Zahlen bis 1 000 – Schriftlich addieren ohne Übertrag

104 Leon war in den großen Ferien mit seinem Vater in Australien. Zwei Tage lang waren sie im Kakadu-Nationalpark unterwegs und haben viele wilde Tiere gesehen. Ein Wächter erzählte ihnen, dass er den Park in zwei Hälften geteilt hat, damit er die riesige Fläche besser überblicken und die Kängurus leichter zählen kann.

a Wie viele Kängurus hat der Wächter in der einen Hälfte gezählt?

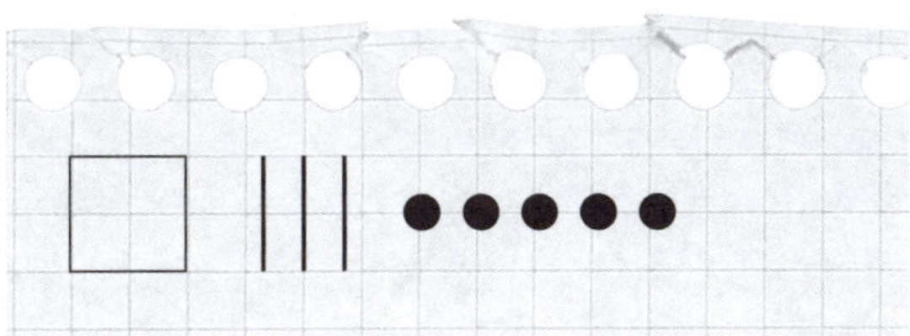

In der einen Hälfte sind

________________ Kängurus.

b Wie viele Kängurus hat der Wächter in der anderen Hälfte gezählt?

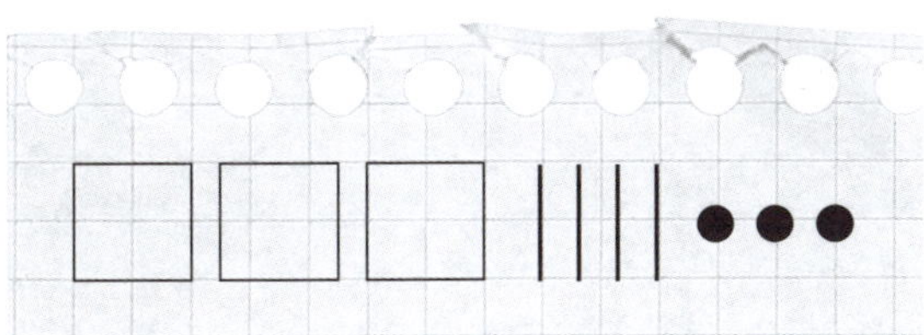

In der anderen Hälfte sind

________________ Kängurus.

c Leon zählt nun beide Angaben zusammen.
Zeichne und übertrage dann die Zahlen in das Stellenwerthaus.

H Z E

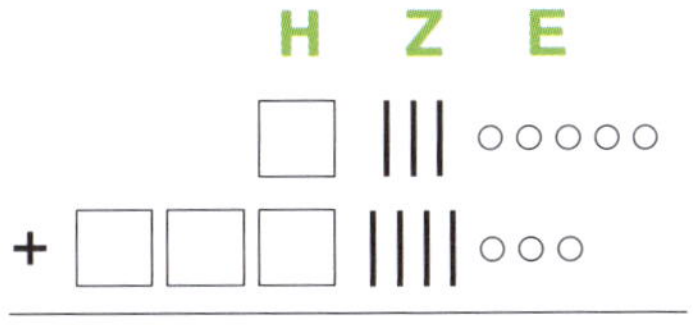

H Z E

\+ ________________

____

Tipp!
Beginne immer bei den Einern!

So rechnest du schriftlich.

Beispiel:
161 + 17 schreibe so:

	H	Z	E
	1	6	1
+		1	7

Zähle die untereinanderstehenden Ziffern zusammen und schreibe das Ergebnis in die Ergebniszeile.

Beginne immer mit den **Einern**. **1E + 7E = 8E**
Nun rechne mit den **Zehnern**. **6Z + 1Z = 7Z**
Nun rechne mit den **Hundertern**. **1H + 0H = 1H**

So sieht die Rechnung dann auf deinem Blatt aus:

	H	Z	E
	1	6	1
+		1	7
	1	7	8

105 Hilf dem Wächter beim Zählen der anderen Tiere und rechne aus.

	H	Z	E
	2	1	1
+	5	3	8

	H	Z	E
	3	2	4
+	4	7	0

	H	Z	E
	5	7	1
+	4	1	7

	H	Z	E
	4	2	6
+	2	0	1

106 Schreibe untereinander und rechne schriftlich.

436 + 41 257 + 312 511 + 82 321 + 438

Zahlen bis 1 000 – Schriftlich addieren mit Übertrag

107 Wie viele Eidechsen haben Leon und sein Vater an den beiden Tagen gezählt?

Trage die Anzahl in Ziffern in das Stellenwerthaus rechts ein.
Nun zeichne die Gesamtzahl der Eidechsen in das linke Stellenwerthaus und rechne dann schriftlich im Stellenwerthaus rechts.

H Z E

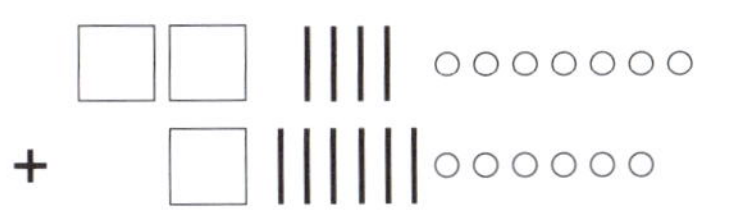

	H	Z	E
+			

So rechnest du schriftlich.

Beispiel:

266 + 47 schreibe so:

	H	Z	E
	2	6	6
+		4	7

Beginne immer mit den **Einern**. — **6 E** + **7 E** = **13 E**, **3 E** an

Wechsle **10 Einer** in **1 Zehner** um und notiere die Gemerktzahl bei den Zehnern. — **1 Z** gemerkt

Nun rechne mit den **Zehnern**. — **6 Z** + **4 Z** + **1** gemerkter **Z** = **11 Z**, **1 Z** an

Wechsle **10 Zehner** in **1 Hunderter** um und notiere die Gemerktzahl bei den Hundertern. — **1 H** gemerkt

Nun rechne mit den **Hundertern**. — **2 H** + **1** gemerkter **H** = **3 H**, **3 H** an

So sieht die Rechnung dann auf deinem Blatt aus:

	H	Z	E
	2	6	6
+	1	4 1	7
	3	1	3

108 Bist du schon ein „Gemerkt-Profi“? Rechne diese Aufgaben.

	H	Z	E
	3	4	2
+	1	4	9

	H	Z	E
	2	6	7
+	4	2	8

	H	Z	E
	3	7	9
+	5	1	7

	H	Z	E
	1	9	9
+	3	8	7

109 Kannst du diese Rechnungen für Leon lösen?

```
  2 1 4        4 5 3
  3 1 7        1 4 6
+ 1 2 2      + 2 1 4

  1 8 9        6 5 3
  2 1 9        1 0 2
+ 1 3 2      + 2 3 3
```

> **Tipp!**
> Vergiss nicht, dir die „Gemerkt-Zahl“ zu notieren!

110 Aus Fehlern kannst du lernen. Erkläre den Fehler und rechne richtig.

a

	3	5	7
+	2	3	
	5	8	7

b

	7	5	0
+	1	9	2
	8	4	2

c

	4	1	9
	1	2	4
+	2	3	$_1$9
	7	7	2

a ______________________________

b ______________________________

c ______________________________

111 Rechne die Aufgaben schriftlich aus.

216 + 75   372 + 108   599 + 32

173 + 76 + 209   338 + 13 + 118   98 + 145 + 439

> **Tipp!**
> Wichtig: Schreibe ordentlich E unter E, Z unter Z und H unter H!

112 Löse die Aufgaben und entdecke, wer sich im Busch versteckt. Male die Felder mit den Lösungszahlen im Bild farbig aus.

327 + 450	509 + 49	267 + 712	399 + 601
216 + 632	568 + 420	369 + 615	448 + 309
208 + 598	270 + 239	419 + 399	814 + 98
281 + 109	530 + 259	217 + 485	438 + 210

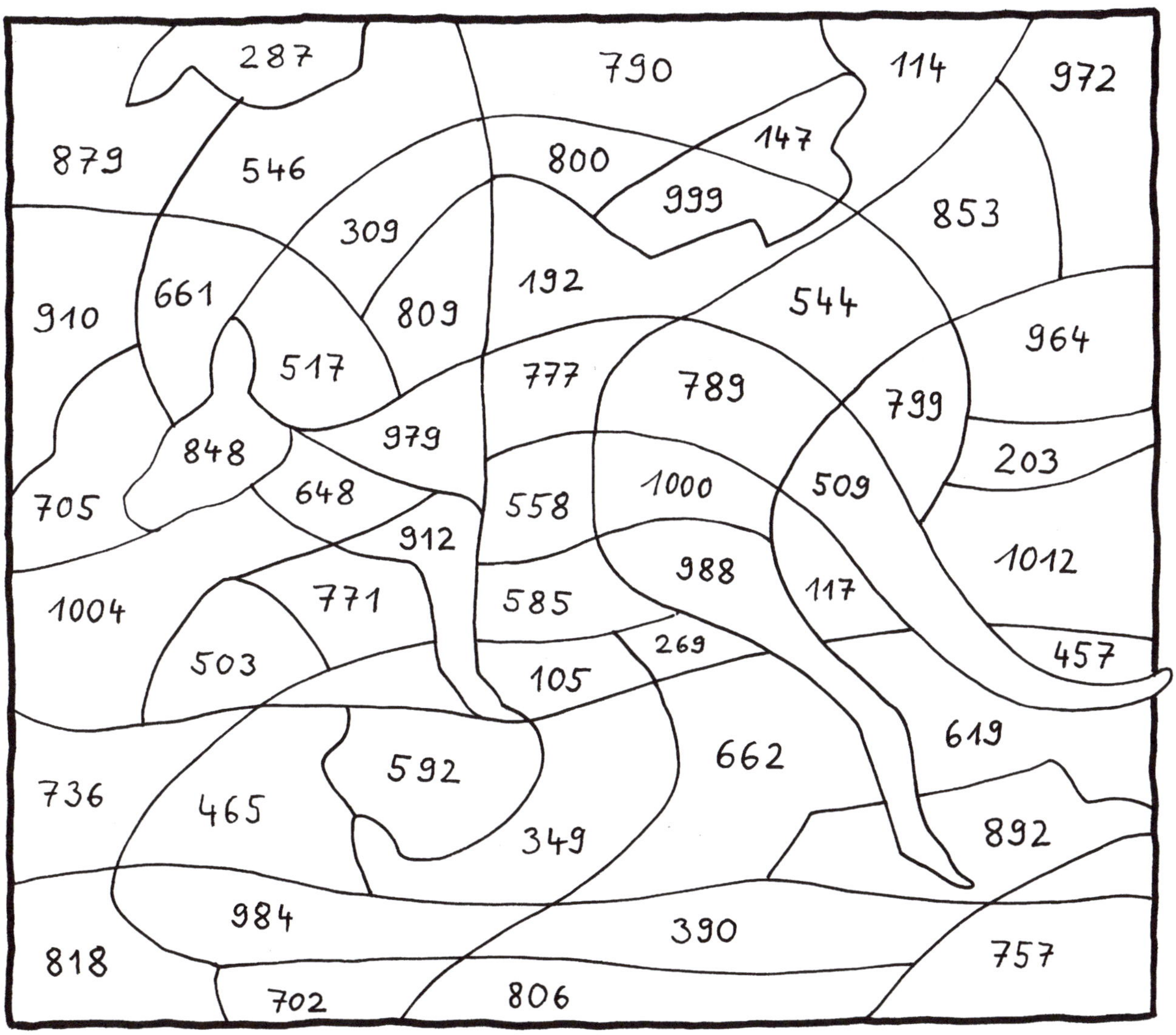

Knobelaufgaben

113 Löse die Zahlenrätsel.

a Eine Zahl heißt 32. Die gesuchte Zahl ist um 97 größer.

Die Zahl heißt: ______

b Meine Zahl erhalte ich, wenn ich zu 512 das Doppelte von 8 dazuzähle.

Die Zahl heißt: ______

114 Hier sind einige Ziffern verschwunden. Setze sie richtig ein.

6 2 4	5 2 __	__ 4 5	__ 5 __
+ 1 __ 2	+ __ 4 8	+ 1 6 __	+ 3 4 7
__ 6 __	9 __ 9	9 __ 7	8 __ 9

115 Anna hat 105 Murmeln in den Farben Rot, Grün und Blau. Sie hat doppelt so viele grüne wie blaue Murmeln und doppelt so viele rote wie grüne Murmeln.

Wie viele Murmeln hat sie von jeder Farbe?

Tipp!
Rechne zunächst mit einer beliebigen Anzahl blauer Murmeln. Probiere aus, ob die Aufgabe damit stimmt. Wenn nicht, probiere eine andere Zahl.

Sie hat ______ blaue, ______ grüne und ______ rote Murmeln.

Zahlen bis 1 000 – Schriftlich subtrahieren ohne Übertrag

Anna war in den Ferien mit ihren Eltern in London. Dort haben sie eine wunderbare, große Bücherei besucht. Da Anna besonders gern Bücher über Zauberer liest, hat sie auch dort welche gesucht.

Mrs. Bookworm, die Bibliothekarin, teilte ihr mit, dass von 563 Büchern über Zauberer und Hexen im Moment 231 Bücher ausgeliehen sind.
Mrs. Bookworm rechnet 563 – 231 =
Anna kennt eine schnellere Methode: das schriftliche Abziehen.

Beim **schriftlichen Abziehen** rechnest du immer von oben nach unten.

Beispiel:
563 – 231 schreibe so:

$$\begin{array}{rccc} & H & Z & E \\ & 5 & 6 & 3 \\ - & 2 & 3 & 1 \\ \hline \end{array}$$

Zuerst ziehst du die **E** der 2. Zahl von den **E** der 1. Zahl ab: **3E – 1E = 2E**
Dann ziehst du die **Z** der 2. Zahl von den **Z** der 1. Zahl ab: **6Z – 3Z = 3Z**
Zum Schluss ziehst du die **H** der 2. Zahl von den **H** der 1. Zahl ab: **5H – 2H = 3H**

So sieht die Rechnung dann auf deinem Blatt aus:

$$\begin{array}{rccc} & H & Z & E \\ & 5 & 6 & 3 \\ - & 2 & 3 & 1 \\ \hline & 3 & 3 & 2 \end{array}$$

Anna hat ausgerechnet, dass noch 332 Bücher über Zauberer und Hexen in der Bücherei sind.

116 Schriftlich Abziehen ist keine Zauberei, das schaffst du auch!

a Rechne die Aufgaben und streiche die richtigen Ergebnisse rechts durch.

	H	Z	E
	7	5	7
–	5	4	2

	H	Z	E
	8	6	2
–	7	2	1

	H	Z	E
	7	9	4
–	4	7	0

	H	Z	E
	5	3	6
–	3	0	5

	H	Z	E
	6	4	9
–	5	2	5

	H	Z	E
	9	2	5
–	6	1	4

	H	Z	E
	4	5	1
–	2	3	0

	H	Z	E
	3	8	7
–	1	6	4

b Jetzt bist du schon sicherer und kannst auch ohne Stellenwerthaus rechnen.

648 – 425	507 – 204	784 – 571	689 – 253	497 – 171
569 – 315	976 – 625	483 – 161	829 – 406	548 – 223
351 – 210	829 – 416	531 – 121	798 – 473	508 – 103

Zahlen bis 1 000 – Schriftlich subtrahieren mit Übertrag

Am Abend stellt Mrs. Bookworm fest: „Insgesamt sind jetzt von unseren 942 Kinderbüchern 327 Bücher ausgeliehen.“ Sie rechnet wie Anna.

$$\begin{array}{rccc} & H & Z & E \\ & 9 & 4 & 2 \\ - & 3 & 2 & 7 \\ \hline & & & \\ \hline \end{array}$$

Aber sie stellt fest: 2E – 7E kann man nicht rechnen!

Anna zeigt ihr, wie es geht.

Auch beim schriftlichen Abziehen mit Übertrag rechnest du immer von oben nach unten.

Beispiel:
942 – 327

2 – 7 kannst du nicht rechnen. Also entbündelst du **1 Z**.
In der Rechnung notierst du dir den **entbündelten Z**.
Jetzt rechnest du 12 – 7 = 5. Dann rechnest du 4 – 1 – 2 = 1.
Den Rest kannst du wie gewohnt rechnen.

$$\begin{array}{rccc} & H & Z & E \\ & 9 & 4_{\mid} & 2 \\ - & 3 & 2 & 7 \\ \hline & 6 & 1 & 5 \end{array}$$

Bei manchen Aufgaben musst du auch **1 H** entbündeln.

$$\begin{array}{rccc} & H & Z & E \\ & 6_{\mid} & 3_{\mid} & 2 \\ - & 3 & 7 & 5 \\ \hline & 2 & 5 & 7 \end{array}$$

117 Das kannst du jetzt auch! Rechne die folgenden Aufgaben.

$$\begin{array}{rccc} & H & Z & E \\ & 5 & 6 & 3 \\ - & 3 & 4 & 6 \\ \hline & & & \\ \hline \end{array} \qquad \begin{array}{rccc} & H & Z & E \\ & 7 & 2 & 6 \\ - & 2 & 6 & 1 \\ \hline & & & \\ \hline \end{array} \qquad \begin{array}{rccc} & H & Z & E \\ & 8 & 5 & 2 \\ - & 3 & 4 & 4 \\ \hline & & & \\ \hline \end{array}$$

$$\begin{array}{rccc} & H & Z & E \\ & 9 & 7 & 1 \\ - & 7 & 4 & 5 \\ \hline & & & \\ \hline \end{array} \qquad \begin{array}{rccc} & H & Z & E \\ & 4 & 3 & 2 \\ - & & 5 & 9 \\ \hline & & & \\ \hline \end{array} \qquad \begin{array}{rccc} & H & Z & E \\ & 3 & 3 & 7 \\ - & 1 & 8 & 1 \\ \hline & & & \\ \hline \end{array}$$

Tipp!
Denke daran, immer aufzuschreiben, wenn du Zehner in Einer oder Hunderter in Zehner gewechselt hast.

118 Schreibe die Zahlen untereinander und rechne.

615 – 362   732 – 84   846 – 598   942 – 747

119 Als Hilfestellung kannst du beim Rechnen mitsprechen.

H	Z	E
6	0	3
– 2	5	8
3	4	5

Sprich am besten so:
3 minus 8 geht nicht, **eins entbündeln**.
13 minus 8 gleich 5, 5 an.
0 minus 1 minus 5 geht nicht, **eins entbündeln**.
10 minus 1 minus 5 gleich 4, 4 an.
6 minus 1 minus 2 gleich 3, 3 an.

Rechne ebenso:

H	Z	E
8	0	0
– 5	7	2

___ E – ___ E geht nicht! Ich muss ______________________.

Dann rechne ich ___ minus ___ gleich ___, ___ an.

___ minus ___ minus ___ geht nicht, ______________________.

___ minus ___ minus ___ gleich ___, ___ an.

___ minus ___ minus ___ gleich ___, ___ an.

120 Rechne ohne Stellenwerthaus.

689	386	704	957	742
– 593	– 158	– 486	– 689	– 386

602	780	824	567	312
– 374	– 596	– 557	– 198	– 191

121 Aus Fehlern kannst du lernen!

a Finde die Aufgaben, die falsch gerechnet sind, und berichtige die Fehler.

501	714	600	813	957
− 264	− 367	− 471	− 69	− 492
237	453	129	123	465

793	905	591	645	807
− 567	− 257	− 253	− 298	− 209
236	648	348	347	608

b Kannst du erklären, wie die Fehler entstanden sind?
Schreibe die Erklärungen auf ein Nebenblatt.

122 Finde die Zauberzahlen.

a „Meine Zauberzahl erhältst du, wenn du von der Zahl 629 die Zahl 487 abziehst."

Die Zauberzahl heißt: ____________________

b „Für meine Zauberzahl musst du von der Zahl 769 zuerst 493 abziehen und danach 147 abziehen."

Die Zauberzahl heißt: ____________________

123 Robert fragt seinen Freund: „Wie viele Seiten hast du noch zu lesen?"
Sein Freund antwortet: „Mein Buch hat 563 Seiten. 231 Seiten habe ich schon gelesen."

Antwort: ____

Knobelaufgaben

124 Robert behauptet: „Von meinem Buch, das 368 Seiten umfasst, habe ich schon 175 Seiten gelesen. Wenn ich heute und morgen jeweils 40 Seiten lese, habe ich noch weniger als 100 Seiten zum Lesen."

Stimmt das? Löse mithilfe des Diagramms.

gelesene Seiten	◯	lesen heute	◯	lesen morgen	=	gesamt gelesen
Buchseiten gesamt	◯	gelesene Seiten	=	übrige Seiten		
175	◯	40	◯		=	
	◯		=			

Antwort: ______________________________

125 Ergänze die fehlenden Zahlen und Rechenzeichen so, dass die Rechnungen in den Rechenquadraten stimmen.

40	+		=	
+		–		+
16	–		=	12
=		=		=
	+	23	=	

	–		=	39
–		+		–
12	+		=	
=		=		=
32			=	18

126 Gleiches Zeichen bedeutet gleiche Zahl.
Vervollständige die Aufgaben.

70 + ◆ = 150

20 + ✻ + ◆ = 140

◆ = ______ ✻ = ______

Das Einmaleins – Verdoppeln, Kernaufgaben und Nachbaraufgaben

Lea war in den Ferien bei Freunden ihrer Eltern in Holland, dem Land mit den vielen Windmühlen. Die Freunde haben dort eine große Gärtnerei und verkaufen Blumen in die ganze Welt.
Die verschiedenen Blumenzwiebeln verkaufen sie in mehreren Packungsgrößen: mit 1 Stück, mit 2 Stück, mit 5 Stück oder mit 10 Stück.

Kernaufgaben sind die Aufgaben der Einser-, Zweier-, Fünfer- und Zehnerreihe. Du kannst sie ganz einfach berechnen.

Bei der **Zweierreihe** verdoppelst du jeweils die Zahl.
Das Doppelte einer Zahl ist die Zahl plus die Zahl selbst.
Beispiel:
$2 \cdot \mathbf{4} = \mathbf{4} + \mathbf{4} = 8$

Bei der **Zehnerreihe** hängst du an eine Zahl einfach eine Null an.
Beispiel:
$\mathbf{10} \cdot 4 = 4\mathbf{0}$

Für die **Fünferreihe** halbierst du die Zehnerreihe.
Beispiel:
$10 \cdot \mathbf{4} = 40$ $\quad 40 : \mathbf{2} = 20$ $\quad 5 \cdot 4 = 20$

$1 \cdot 2 = 2$ → **verdoppeln** → $2 \cdot 2 = 4$ $\quad$ $5 \cdot 2 = 10$ ← **halbieren** ← $10 \cdot 2 = 20$

$1 \cdot 3 = 3$ → **verdoppeln** → $2 \cdot 3 = 6$ $\quad$ $5 \cdot 3 = 15$ ← **halbieren** ← $10 \cdot 3 = 30$

127 Berechne, wie viele Blumenzwiebeln die Freunde jeweils einpacken müssen.

1 · 4 = 4	2 · 4 = ____	5 · 4 = 20	10 · 4 = ____
1 · 5 = 5	2 · 5 = ____	5 · 5 = ____	10 · 5 = ____
1 · 6 = ____	2 · 6 = ____	5 · 6 = ____	10 · 6 = ____
1 · 7 = ____	2 · 7 = ____	5 · 7 = ____	10 · 7 = ____
1 · 8 = ____	2 · 8 = ____	5 · 8 = ____	10 · 8 = ____
1 · 9 = 9	____	____	____
1 · 10 = 10	____	____	____

128 Berechne mithilfe der Nachbaraufgaben.

Wenn du die Kernaufgaben kennst, kannst du durch Plus- und Minusrechnen die vorhergehenden und nachfolgenden **Nachbaraufgaben** schnell herausbekommen.

Beispiel:

Nachbaraufgaben: 8 · 3 = **27** – 3 = 24 ↑ 9 · 3 = **30** – 3 = **27**; 4 · 3 = **15** – 3 = **12**

Kernaufgabe: 1 · 3 = 3 → 2 · 3 = **6** | 5 · 3 = **15** | 10 · 3 = **30**

Nachbaraufgaben: 3 · 3 = **6** + 3 = **9**; 6 · 3 = **15** + 3 = **18** ↓ 7 · 3 = **18** + 3 = 21

a	1 · 4 = 4	2 · 4 = ____	3 · 4 = 12	4 · 4 = ____
b	3 · 5 = 15	4 · 5 = ____	5 · 5 = ____	6 · 5 = ____
c	1 · 10 = 10	____	____	____
d	5 · 7 = ____	____	____	____
e	____	4 · 6 = ____	____	____
f	____	____	3 · 2 = ____	____
g	____	6 · 3 = ____	____	____
h	5 · 8 = ____	____	____	____
i	____	____	____	8 · 2 = ____
j	____	7 · 1 = ____	____	____

Das Einmaleins – Tauschaufgaben und Umkehraufgaben

129 Finde die Tausch- und Umkehraufgaben.

Zu jeder Einmaleinsaufgabe gibt es eine **Umkehraufgabe** und eine **Tauschaufgabe**.

Bei der **Umkehraufgabe** kannst du dein Ergebnis kontrollieren, indem du die umgekehrte Rechenoperation ausführst.
Mit der **Tauschaufgabe** vertauschst du die beiden Zahlen, die malgenommen oder addiert werden. Das Ergebnis bleibt gleich.

Beispiel:		Tauschaufgabe
	3 · 8 = 24	**8 · 3 = 24**
Umkehraufgabe	**24 : 8 = 3**	**24 : 3 = 8**

		Umkehraufgabe	
	2 · 5 = 10	10 : *5* = ____	
Tauschaufgabe	*5 · 2 = 10*	10 : *2* = ____	Tauschaufgabe
	6 · 8 = 48	48 : ____ = ____	
	____	48 : ____ = ____	
	7 · 4 = ____	____	
	____	____	
	9 · 8 = ____	____	
	____	____	

130 In den Blumen stecken immer zwei Malaufgaben und ihre Umkehraufgaben.
Finde sie und schreibe sie auf.

a

b

c

d

Das Einmaleins – Teiler, Primzahlen und Vielfache

131 Finde alle Teiler.

Teiler nennt man die Zahlen, durch die man eine andere Zahl teilen kann.
Beispiel: Die Zahl 12 kannst du durch verschiedene Zahlen teilen:

12

1	**2**	**3**	**4**	**6**	**12**
12 : 1 = 12	12 : 2 = 6	12 : 3 = 4	12 : 4 = 3	12 : 6 = 2	12 : 12 = 1

1, 2, 3, 4, 6 und 12 sind die Teiler von 12.
Achtung: Jede Zahl hat 1 und sich selbst als Teiler!

a 10

10 : ____ = ____ 10 : ____ = ____ 10 : ____ = ____ 10 : ____ = ____

Die Teiler von 10 heißen: ______________________

b 18

____

Die Teiler von 18 heißen: ______________________

132 Finde alle Vielfachen.

Vielfache einer Zahl sind alle Zahlen, die man durch diese Zahl ohne Rest teilen kann.
Beispiel: 20, 24, 28, 40 sind Vielfache der Zahl 2.

a Finde aus dieser Reihe alle Vielfachen von 8 und kreise sie farbig ein:

1 4 8 10 16 23 40 53 80 88

b Finde fünf Vielfache von 6:

____

133 Finde mindestens 3 weitere Primzahlen.

Primzahlen nennt man Zahlen, die nur durch 1 und durch sich selbst teilbar sind.
Beispiel: 1, 2, 3 und 5 sind Primzahlen.

1, 2, 3, 5, ______________________

Das Einmaleins – Multiplizieren und Dividieren mit Vielfachen von 10

Adriano war dieses Jahr in den Sommerferien nicht in Italien, sondern gemeinsam mit seiner Familie in Frankreich. Dort gab es zum Frühstück häufig Croissants und Baguettes aus der Bäckerei.

134 An einem Tag werden 10 Bleche Croissants in der Bäckerei gebacken. Auf einem Blech liegen 25 Croissants.

Jetzt kannst du sicher ausrechnen, wie viele Croissants an einem Tag gebacken werden.

Bei „· **10**" musst du nur **eine** Null anhängen.
Bei „· **100**" musst du nur **zwei** Nullen anhängen.

Rechnung: ______________________

Antwort: ______________________

135 Rechne die folgenden Aufgaben.

36 · 10 = ____	100 · 4 = ____	3 · 100 = ____
99 · 10 = ____	11 · 10 = ____	92 · 10 = ____
9 · 100 = ____	86 · 10 = ____	28 · 10 = ____
10 · 100 = ____	2 · 100 = ____	44 · 10 = ____

Tipp!
Denke immer an die Tauschaufgaben, zum Beispiel:
4 · 100 = 100 · 4

136 An einem Tag werden in der Bäckerei 150 Baguettes verkauft.
Auf einem Blech sind jeweils 10 Baguettes.

Jetzt kannst du sicher ausrechnen, wie viele Bleche mit Baguettes an einem Tag gebacken werden.

> Bei „**: 10**" musst du nur **eine** Null wegstreichen.
> Bei „**: 100**" musst du nur **zwei** Nullen wegstreichen.

Rechnung: ______________________________

Antwort: ______________________________

137 Rechne die folgenden Aufgaben. Die Lösungen findest du im Baguette.
Welche Lösung bleibt übrig?

990 : 10 = ______	630 : 10 = ______	200 : 10 = ______
800 : 10 = ______	500 : 100 = ______	600 : 100 = ______
150 : 10 = ______	900 : 100 = ______	510 : 10 = ______
200 : 100 = ______	900 : 10 = ______	100 : 10 = ______

Übrig bleibt die Zahl: ________

138 Vervollständige die Pfeilbilder.

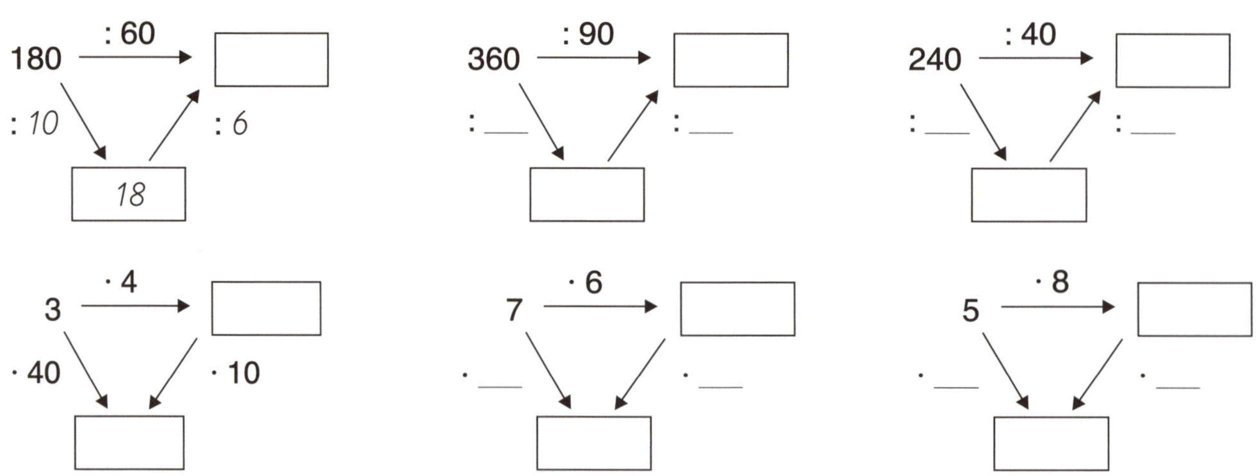

139 Fülle die Tabelle aus.

•	10	20	30	40	50	60	70	80	90	100
1										
2										
3										
4										
5										
6										
7										
8										
9										
10										

140 Immer vier Aufgaben gehören zusammen.
Male jedes der 11 Quartette mit einer anderen Farbe aus.

540 : 60 | 360 : 9 | 4 · 70 | 9 · 40 | 3 · 80

8 · 70 | 280 : 4 | 720 : 80 | 560 : 8 | 40 · 8

9 · 60 | 7 · 90 | 480 : 6 | 40 · 9 | 5 · 70

560 : 70 | 9 · 80 | 350 : 7 | 70 · 8 | 8 · 40

90 · 7 | 60 · 9 | 630 : 7 | 480 : 80 | 350 : 50 | 320 : 40

80 · 9 | 280 : 70 | 70 · 5 | 70 · 4 | 240 : 3 | 360 : 90

6 · 70 | 630 : 90 | 540 : 9 | 70 · 6 | 320 : 8 | 240 : 80

420 : 70 | 720 : 9 | 420 : 6 | 80 · 6 | 60 · 8 | 80 · 3

Das Einmaleins – Dividieren mit Rest

141 Für eine Familienfeier werden bei der Bäckerei 33 Croissants bestellt.
In eine Schachtel passen immer 9 Stück.
Wie viele Schachteln können ganz gefüllt werden? Wie viele Croissants bleiben übrig?

> Bei manchen Geteiltaufgaben bleibt ein **Rest**. Schreibe ihn hinter das Ergebnis.
>
> *Beispiel:*
> 36 : 5 = 7, **1** bleibt als Rest — du schreibst so: 7 **R 1**

Rechnung: ______________________

Antwort: ______________________

142 Rechne aus und setze die fehlenden Aufgaben ein.

24 : 8 = *3*	25 : 5 = ____	72 : 9 = ____
29 : 8 = *3 R 5*	28 : 5 = ____	80 : 9 = ____
____	____	____
47 : 7 = ____	33 : 9 = ____	23 : 8 = ____
____	____	____
29 : 5 = ____	39 : 4 = ____	21 : 2 = ____
____	____	____
53 : 8 = ____	26 : 6 = ____	20 : 3 = ____

143 Zerlege die Aufgaben sinnvoll und rechne.

131 : 3 = ____	134 : 6 = ____	129 : 4 = ____
120 : 3 = *40*	120 : 6 = ____	____
9 : 3 = *3*	12 : 6 = ____	____
Rest = *2*	Rest = ____	____
513 : 5 = ____	677 : 8 = ____	647 : 7 = ____
____	____	____
____	____	____
____	____	____

Zahlen bis 1 000 – Gemischte Aufgaben

144 Setze richtig ein: <, >, =
Unter den Aufgaben hast du Platz, um die Zwischenergebnisse zu notieren.

$250 + 50$ ◯ $350 - 40$	______ ______	$730 - 50$ ◯ $610 + 70$	______ ______
$263 + 40$ ◯ $373 - 70$	______ ______	$459 - 90$ ◯ $307 + 50$	______ ______
$526 - 40 - 9$ ◯ $395 + 80 + 3$	______ ______	$521 - 318$ ◯ $842 - 637$	______ ______

145 Bei folgenden Rechnungen musst du besonders auf die Regel „Punkt vor Strich“ achten.

> **„Punkt vor Strich“** bedeutet: Rechne immer zuerst die Mal- oder/und Geteiltaufgaben, auch wenn sie an zweiter Stelle stehen.
>
> *Beispiel:*
> $25 + \mathbf{3} \cdot \mathbf{2} = 25 + \mathbf{6} = 31$

$234 + 3 \cdot 4 =$ ______	$67 + 5 \cdot 50 =$ ______	$503 + 7 \cdot 8 =$ ______
$879 - 5 \cdot 4 =$ ______	$365 - 7 \cdot 9 =$ ______	$489 - 3 \cdot 6 =$ ______
$4 \cdot 60 + 28 =$ ______	$847 - 7 \cdot 3 =$ ______	$551 + 8 \cdot 5 =$ ______
$3 \cdot 9 + 8 \cdot 2 + 500 =$ ______	$850 - 7 \cdot 5 - 4 \cdot 4 =$ ______	$7 \cdot 40 + 89 =$ ______
$420 + 9 \cdot 6 - 3 \cdot 8 =$ ______	$6 \cdot 8 + 240 - 2 \cdot 9 =$ ______	$238 - 7 \cdot 9 =$ ______

146 Löse die Aufgaben. Streiche die richtigen Ergebnisse unten durch.

	3 · 40 = ?	240 : 8 = ?
Rechne zuerst die kleine Aufgabe:	3 · 4 = 12	24 : 8 = 3
Dann rechne die große Aufgabe:	3 · 40 = 120	240 : 8 = 30

große Aufgabe:

120 : 6 = ________ 630 : 7 = ________ 300 : 6 = ________

kleine Aufgabe:

12 : 6 = ________ 63 : 7 = ________ 30 : 6 = ________

große Aufgabe:

270 : 9 = ________ 150 : 3 = ________ 120 : 2 = ________

kleine Aufgabe:

________ ________ ________

Jetzt rechne ohne die kleine Aufgabe. Vergiss nicht, die richtigen Ergebnisse weiterhin durchzustreichen.

450 : 9 = ________

30 · 5 = ________

420 : 7 = ________

420 : 60 = ________

810 : 90 = ________

6 · 70 = ________

180 : 2 = ________

80 · 2 = ________

640 : 80 = ________

9 · 30 = ________

210 : 30 = ________

5 420 60 60 80 7 9 90 50 8 60 220 7 6 14 3 2 90 20 9 30 50 5 150 160 270 50

Addiere alle Zahlen, die du nicht durchgestrichen hast. Welches Ergebnis erhältst du?

____

Rechnen 4. Klasse – Tipps zum Üben

In der 4. Klasse dreht sich alles um das Rechnen im Zahlenraum bis 1 000 000. Mit abwechslungsreichen Aufgaben kann Ihr Kind das Vergleichen und Runden von Zahlen, das Plus- und Minusrechnen und das Malnehmen und Teilen wiederholen und vertiefen. Die folgenden Tipps liefern Ihnen Ideen, wie das Anwenden und Üben des Gelernten im Alltag Spaß machen kann.

Zahlen bis 1 000 000 kennenlernen

- Kindern fällt es oft schwer, sich Zahlen in der Größenordnung bis 1 000 000 vorzustellen, da sie keine Verknüpfungen zu ihrem Alltag herstellen können. Deshalb ist es wichtig, dass Sie mit Ihrem Kind nach Veranschaulichungen suchen.
- Dafür können Sie mithilfe des Routenplaners auf dem Smartphone herausfinden, wie groß die Entfernung zwischen zwei Städten auf verschiedenen Kontinenten ist, z. B. zwischen Tokio (Japan) und New York (USA): Die beträgt immerhin über 10 000 km.
- Beim Spazierengehen können Sie mit Ihrem Kind die Umgebung erkunden: Wie viele Ameisen wohnen in einem Haufen? Wie viele Blätter hat der Baum? Aus wie vielen Ziegeln besteht das Dach? Lassen Sie Ihr Kind zum Abschätzen der Gesamtmenge jeweils einen kleinen Teil zählen und dann überlegen, wie oft dieser vertreten ist.
- Eine Vorstellung von der Größe der Zahl bekommt Ihr Kind zudem, wenn Sie ihm erklären, dass man einen Monat lang weder schlafen noch essen oder trinken darf, falls man durchgehend bis 1 000 000 zählen möchte. Es ist also unmöglich, das zu tun.

Rechnen bis 1 000 000

- Schauen Sie gemeinsam nach, wie viele Menschen in Ihrem Ort und in der nächstgrößeren Stadt bzw. Landeshauptstadt leben. *Beispiel:* Stuttgart (ca. 600 000 Einwohner), Karlsruhe (ca. 300 000 Einwohner). Lassen Sie Ihr Kind dann den Unterschied berechnen.
- Mathe- und Logikrätsel (z. B. Sudokus) fördern die Denkleistung und tragen so zum mathematischen Verständnis bei.

Zahlen bis 1 000 000 – Zahlen kennenlernen

Die Kinder der Klasse 4 b der Sonnenschein-Schule staunen immer wieder über die großen Zahlen bis 1 000 000. Oft fällt es ihnen noch schwer, sich die Zahlen vorzustellen. Daher haben sie für einen Zahlenmarathon verschiedene Stationen in der Klasse aufgebaut, an denen sie die Zahlen kennenlernen.

147 Station 1: Schreibe zu den Zahlbildern die Ziffern in die Stellenwerttafel.

In der **Stellenwerttafel** wird eingetragen, wie viele Millionen (M), Hunderttausender (HT), Zehntausender (ZT), Tausender (T), Hunderter (H), Zehner (Z) und Einer (E) eine Zahl hat.

a 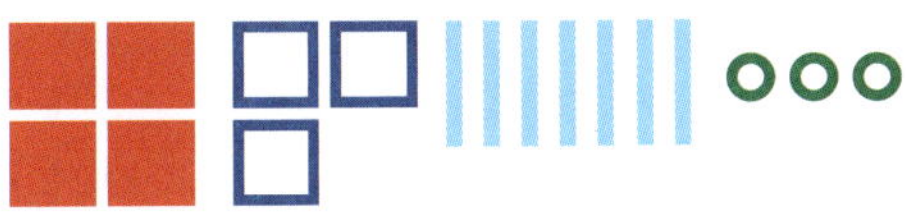

T	H	Z	E

b 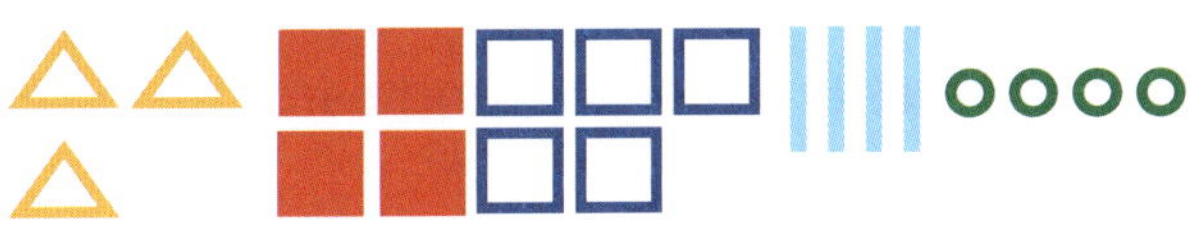

ZT	T	H	Z	E

c 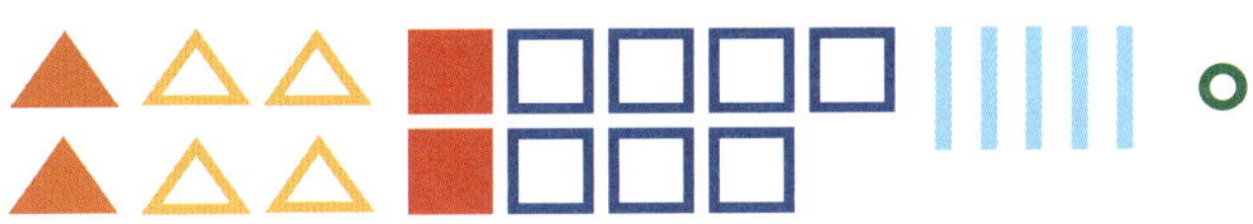

HT	ZT	T	H	Z	E

d 

M	HT	ZT	T	H	Z	E

148 Station 2: Die Kinder der 4 b haben sich ein Spiel ausgedacht. Ein Kind nennt eine Zahl und das andere schreibt die Zahl in die Tabelle.

Trage die geschriebenen Zahlen in die Stellenwerttafel ein. Du hast es leichter, weil du die Zahl mehrfach lesen kannst!

Lies die Zahlen und trage sie mit den entsprechenden Ziffern in die Tabelle ein!

Tipp!
Mache in langen Wörtern **Trennstriche**.

a Fünfmillionendreihundertfünfundvierzigtausendachthundertzwei

b Dreimillionenachthundertsiebenundzwanzigtausendvierhunderteinundzwanzig

c Einemillionsechshundertvierundachtzigtausendzweihundertvierundfünfzig

d Achtmillionendreihundertdreiunddreißigtausendneunhundertzehn

e Zweimillionenvierhundertundneuntausendsiebzehn

f Viermillionensechsundsiebzigtausendvierhunderteinundachtzig

g Neunhundertvierundneunzigtausendsiebenhundertvier

h Fünfmillionendreihundertsiebenunddreißigtausendachthundertvierundvierzig

i Siebenhunderttausendneunhundertvierundvierzig

j Achtmillionenzweitausendneun

k Zweimillionenneunhundertviertausenddreiundachtzig

	Million (M)	Hundert-tausender (HT)	Zehn-tausender (ZT)	Tausender (T)	Hunderter (H)	Zehner (Z)	Einer (E)
a							
b							
c							
d							
e							
f							
g							
h							
i							
j							
k							

149 Station 3: Anna und Leon haben sich ein besonderes Kartenspiel ausgedacht.
Sie haben beide die gleichen Karten vor sich:

a Wer die höchste Zahl hat, gewinnt!
Welches ist die höchste Zahl?

____

b Wer die niedrigste Zahl hat, gewinnt!
Welches ist die niedrigste Zahl?

____

> **Tipp!**
> Immer drei Stellen gehören zusammen. Lasse danach immer eine kleine Lücke.

c Wer die nächste Zahl an 500 000 hat, gewinnt!
Welche Zahl ist es?

____

150 Station 4: Fülle zum nächsten Tausender in 100er-Schritten auf.

5 000, 5 100, ______________________________ , 5 900, 6 000

7 200, 7 300, ______________________________

6 100, 6 200, ______________________________

9 300, 9 400, ______________________________

151 Station 5: Fülle zum nächsten Tausender in 10er-Schritten auf.

327 900, 327 910, ______________________________ , 328 000

684 930, 684 940, ______________________________

999 920, 999 930, ______________________________

469 950, 469 960, ______________________________

Zahlen bis 1 000 000 – Vergleichen und runden

152 Setze ein: <, > oder =

> **Tipp!**
> Du kannst dir < und > wie ein Krokodilsmaul vorstellen, das immer die größere Zahl frisst.

< bedeutet, dass die linke Zahl kleiner als die rechte ist.
> bedeutet, dass die linke Zahl größer als die rechte ist.
= bedeutet, dass beide Seiten vom Gleichzeichen gleich groß sind.

Beispiel:

500 **<** 700	500 **>** 300	500 **=** 500
500 ist **kleiner als** 700.	500 ist **größer als** 300.	500 ist **gleich** 500.

a

456 128 ____ 516 892
843 865 ____ 682 197
399 999 ____ 400 000
201 102 ____ 202 001
578 540 ____ 578 540

b

950 000 – 5 ____ 900 000
800 000 + 10 ____ 800 010
650 000 – 1 ____ 649 999
900 000 + 50 ____ 900 500
650 000 – 3 ____ 649 977

153 Schreibe immer die angegebenen Nachbarzahlen auf.

Nachbarzahlen sind die beiden Zahlen, zwischen denen die Zahl in der mittleren Spalte liegt.

Beispiel:
5 382 Nachbartausender: 5 000 und 6 000

a Schreibe die Nachbartausender auf.
Male den Tausender **grün** an, der näher an der Zahl liegt.

9 000	9 465	10 000
	7 278	
	2 041	

	16 765	
	86 159	
	32 204	

b Schreibe die Nachbarzehntausender auf.
Male den Zehntausender **rot** an, der näher an der Zahl liegt.

80 000	87 315	**90 000**
	61 763	
	91 401	

	975 851	
	360 512	
	564 782	

c Schreibe die Nachbarhunderttausender auf.
Male den Hunderttausender **blau** an, der näher an der Zahl liegt.

600 000	645 536	700 000
	138 642	
	805 261	

	206 891	
	487 605	
	961 500	

154 Anna und Leon haben Aufgaben gefunden, bei denen man etwas entdecken kann.

a Ergänze zu Tausend.
Beispiel:
350 + **650** = 1 000

250 + ______ = 1 000
875 + ______ = 1 000
425 + ______ = 1 000
550 + ______ = 1 000
625 + ______ = 1 000
398 + ______ = 1 000

b Ergänze zur Million.
Beispiel:
350 000 + **650 000** = 1 000 000

250 000 + ______ = 1 000 000
875 000 + ______ = 1 000 000
425 000 + ______ = 1 000 000
550 000 + ______ = 1 000 000
625 000 + ______ = 1 000 000
398 000 + ______ = 1 000 000

Tipp!
Überlege genau, wie viel du ergänzen musst, um die vorgegebene Zahl zu erhalten.

Schau dir die ergänzten Zahlen genau an! Was fällt dir auf?

______

155 Ergänze zum nächsten Tausender.
Erkennst du, warum diese Aufgaben zusammengehören?

a 750 + ______ = 1 000
68 750 + ______ = 69 000

b 854 + ______ = 1 000
23 854 + ______ = 24 000

c 368 + ______ = 1 000
43 368 + ______ = 44 000

d 628 + ______ = 1 000
16 628 + ______ = 17 000

e 197 + ______ = 1 000
77 197 + ______ = 78 000

f 282 + ______ = 1 000
85 282 + ______ = 86 000

g 458 + ______ = 1 000
89 458 + ______ = 90 000

h 112 + ______ = 1 000
52 112 + ______ = 53 000

Schau dir die ergänzten Zahlen genau an! Was fällt dir auf?

______

Zahlen bis 1 000 000 – Plus- und Minusrechnen

Im Mathematikunterricht rechnen die Kinder plus und minus.
Die Kinder kennen schon mehrere Wege, wie man rechnen kann.

156 Schreibe die Aufgaben stellengerecht untereinander und rechne schriftlich.

Achte darauf, dass du die Zahlen **stellengerecht untereinanderschreibst**. Vergiss beim Zehnerübergang nicht, dir die **Gemerkt-Zahl (kleine 1)** oder den Gemerkt-Strich aufzuschreiben.

Beispiel:

645 + 282 = schreibe so:

	H	Z	E
	6	4	5
+	2 ₁	8	2
	9	2	7

645 – 282 = schreibe so:

	H	Z	E
	6 ꜝ	4	5
–	2	8	2
	3	6	3

Rechne von oben nach unten:
5 – 2 = 3, 3 an
4 – 8 geht nicht, **eins entbündeln**
14 – 8 = 6, 6 an
5 – 2 = 3, 3 an

a
1 682 + 6 547
2 476 + 6 085
8 364 + 3 697
3 924 + 1 698

b
6 085 + 4 386
3 456 + 4 843
8 349 + 1 364
2 987 + 3 951

c
2 761 – 1 863
7 419 – 1 063
8 359 – 4 666
5 891 – 3 878

d
8 624 – 2 934
6 381 – 2 763
7 357 – 4 683
4 098 – 3 964

157 Starte mit einer Zahl. Zähle zuerst 1 zu der Zahl hinzu, dann zum Ergebnis 10, dann jeweils zum Ergebnis 100, dann 1 000, dann 10 000 und zum Schluss 100 000.

Starte mit …

485 632 ______________________

284 637 ______________________

164 164 ______________________

874 634 ______________________

Versuche, die Zahl zu finden, die zu 878 878 führt.

____

158 Manche Aufgaben sind sich ähnlich und bilden Aufgabenfamilien.

a Berechne die vorgegebenen Aufgabenfamilien.

4 + 5	= 9
140 + 50	= 190
4 000 + 5 000	= 9 000
4 600 + 5 000	=
400 + 500	=
40 000 + 50 000	=
400 000 + 500 000	=
304 000 + 5 000	=
24 000 + 5 000	=

16 – 9	= 7
1 600 – 900	= 700
160 000 – 90 000	=
8 160 – 90	=
66 000 – 9 000	=
11 600 – 900	=
716 000 – 9 000	=
460 000 – 90 000	=
160 – 90	=

Was fällt dir auf?

____

b Versuche eigene Aufgabenfamilien zu finden.

7 + 2 =	

159 Hier sind Leon Rechenfehler unterlaufen. Kannst du ihm Tipps geben?
Schreibe jeweils die richtige Rechnung auf.

a

780
+ 973
1653

Tipp: ____

____

3607
+ 392
7527

Tipp: ____

____

b

975
− 696
321

Tipp: ____

____

975
− 696
389

Tipp: ____

____

160 Mia ist die Tinte im Ranzen ausgelaufen und manche Zahlen kann man nicht lesen.
Hilf ihr, die richtigen Ziffern in die Lücken zu schreiben.

●27●	2●●4	●042	592●	23●●5	77●9●
+ 8●65	+ ●203	+ 92●●	+ ●637	+ ●392●	+ 4●028
●76●8	957●	●7●79	6●●5	●0●375	1●43●1

8●65	●2●3	9●●7	3●475	103●4	●8●●6
− 394●	− 482●	− 140●	− ●20●1	− ●211	− 8●234
●425	2●80	●674	3744●	1●6●	●822●

161 Puh, jetzt wird es komplizierter! Leon liest die Aufgaben vor, die anderen Schüler müssen sie in Rechnungen „übersetzen" und ausrechnen.

a Zähle 18 376 und 495 403 zusammen und ziehe das Ergebnis von 600 000 ab.

____

b Ziehe von 849 384 die Zahl 284 395 ab und zähle die Zahl 68 394 dazu.

____

Knobelaufgaben

> **Tipp!**
> addieren, Addition = plus rechnen
> subtrahieren, Subtraktion = minus rechnen
> Summe = Ergebnis einer Plusrechnung
> Differenz = Ergebnis einer Minusrechnung

162 An der Knobelwand der 4 b findest du folgende Aufgaben. Versuche sie zu lösen.

a Berechne die Summe der größten ungeraden vierstelligen Zahl und der kleinsten fünfstelligen Zahl.

____

b Subtrahiere von der größten ungeraden sechsstelligen Zahl die Zahl 84 485.

____

c Bilde aus den Ziffern 9, 4, 5, 1, 2 die größtmögliche Zahl und addiere sie zur kleinsten Zahl, die du aus den Ziffern 4, 8, 9, 6 bilden kannst.

____

163 Diese Aufgaben haben sich Leon und Julius für Knobelexperten ausgedacht! Es müssen immer alle Ziffern verwendet werden.

8	1	3	7	4

a Bilde aus den fünf Ziffern zwei Zahlen, die sich in jedem Stellenwert unterscheiden, und addiere sie. Das Ergebnis soll möglichst klein sein.

____

b Bilde aus den fünf Ziffern zwei Zahlen, die sich in jedem Stellenwert unterscheiden, und subtrahiere sie. Das Ergebnis soll das größtmögliche sein.

____

c Bilde aus den fünf Ziffern zwei Zahlen, die sich in jedem Stellenwert unterscheiden, und subtrahiere sie. Das Ergebnis soll das kleinstmögliche sein.

____

d Bilde aus den fünf Ziffern zwei Zahlen, die sich in jedem Stellenwert unterscheiden, und addiere sie. Das Ergebnis soll möglichst nah an 100 000 liegen.

____

e Bilde aus den fünf Ziffern zwei Zahlen, die sich in jedem Stellenwert unterscheiden, und subtrahiere sie. Das Ergebnis soll möglichst nah an 30 000 liegen.

____

Zahlen bis 1 000 000 – Zahlenspiele

Immer wieder begegnen den Kindern der 4 b Aufgaben mit besonderen Zahlen und besonderen Ergebnissen.

164 Anna kann es heute gar nicht erwarten, dass die Schule aufhört. Sie hat nämlich ANNA-Zahlen in der Schule kennengelernt und möchte sie ihrer Mama unbedingt zeigen.

ANNA-Zahlen sind vierstellig, und wie die Buchstaben im Namen Anna sind die erste und die letzte Ziffer sowie die zweite und dritte Ziffer immer gleich.

Beispiele:
1221, **4884**, **9669**

a Berechne folgende Aufgaben mit **ANNA**-Zahlen.

8 2 2 8	6 1 1 6	5 4 4 5	6 4 4 6	9 7 7 9
− 2 8 8 2	− 1 6 6 1	− 4 5 5 4	− 4 6 6 4	− 7 9 9 7
______	______	______	______	______

b Bilde weitere fünf Aufgaben mit ANNA-Zahlen auf einem Notizzettel.

c Bilde eine Aufgabe mit ANNA-Zahlen mit dem Ergebnis …

2 673 ____________________

5 346 ____________________

165 Maria kommt mittags aus der Schule und ist ganz begeistert von den Zahlenspielen. Sie hat das Geheimnis der Eckentauschzahlen entdeckt und erklärt jetzt ihrem Bruder, wie es funktioniert. Sie ist gespannt, ob Florian hinter das Geheimnis kommt.

Eine **Eckentauschzahl** bildest du, indem du bei einer mehrstelligen Zahl die erste und letzte Ziffer – die Eckziffern – vertauschst. Alle anderen Zahlen behalten ihre Stellung. Ziehst du von einer fünfstelligen Zahl ihre Eckentauschzahl ab, kannst du am Ergebnis etwas Besonderes entdecken!

Beispiel:

9 6 2 3 5
− 5 6 2 3 9
3 9 9 9 6

a Suche jetzt acht eigene fünfstellige Zahlen, bilde ihre Eckentauschzahl und ziehe sie voneinander ab.

b Bilde eine Aufgabe mit Eckentauschzahlen mit dem Ergebnis …

69 993 ______

49 995 ______

Tipp! Achte darauf, dass du die kleinere Zahl von der größeren abziehst.

166 Auch Alexander hat eine tolle Aufgabe gefunden. Nachmittags erzählt er Simon, mit dem er zum Skateboardfahren verabredet ist, von seinen **HIPHOP**-Zahlen. **614 694** ist eine **HIPHOP**-Zahl. Auch **704 794** ist eine. Beide rätseln ganz begeistert.

Tipp! Denke an die **ANNA-Zahlen** und an die Buchstaben.

a Schreibe sechs Beispiele für HIPHOP-Zahlen auf.

______

b Suche zwei HIPHOP-Zahlen, die zusammengezählt wieder eine HIPHOP-Zahl ergeben.

______

167 Anna und Leon haben sich interessante Aufgaben ausgedacht. Dieses Mal sind es Zahlen, die ganz besondere Namen haben, weil sie den Buchstaben in den Namen so ähnlich sind. Wenn man mit diesen Aufgaben rechnet, erhält man ganz besondere Ergebnisse.

a Berechne folgende Aufgaben mit **PAPA**-Zahlen.

8 3 8 3	6 4 6 4	9 1 9 1	5 4 5 4	7 2 7 2
− 3 8 3 8	− 4 6 4 6	− 1 9 1 9	− 4 5 4 5	− 2 7 2 7

b Bilde weitere zehn Aufgaben mit PAPA-Zahlen.

c Bilde eine Aufgabe mit PAPA-Zahlen mit dem Ergebnis …

1 818 ______

3 636 ______

168 Findest du eigene Zahlenspiele und Aufgaben dazu?

Zahlen bis 1 000 000 – Malnehmen

Für das Schuljahresende plant die 4 b eine Klassenfahrt mit allen 24 Kindern. Jedes Kind muss zwei Übernachtungen im Gästehaus und das Essen dort bezahlen. Dazu kommt noch die Busfahrt und Taschengeld für einige Ausflüge. Da gibt es ganz schön viel zu rechnen für Frau Reber und die Kinder der 4 b.

169 Hier zum Warmrechnen Tabellen, die du sicher kennst! Fülle alle Lücken.

•		7	6	
2	8		12	
3				15
	32		48	
		63		45

•	2	9		
	6	27		0
8			80	
6				0
		63	70	

170 Annas Vater liest in der Zeitung: „Bei unserem Gewinnspiel können Sie fünfmal 70 000 Euro gewinnen." „Wow, die verlosen 350 000 Euro auf einmal – so viel Geld", staunt Anna. Der Vater schaut sie überrascht an und fragt: „Wie hast du das denn so schnell ausgerechnet?" Anna antwortet: „Leon und ich haben in Mathe herausgefunden, wie man das ganz schnell ausrechnen kann." Wenn du den Trick kennst, kannst du die Aufgaben genauso schnell lösen.

Tipp! Achte auf die **Nullen** in Aufgabe und Ergebnis.

a

5 · 7 = ____________

5 · 70 = ____________ 50 · 7 = ____________

5 · 700 = ____________ 500 · 7 = ____________

5 · 7 000 = ____________ 5 000 · 7 = ____________

5 · 70 000 = ____________ 50 000 · 7 = ____________

b

6 · 3 = ____________

6 · 30 = ____________ 60 · 3 = ____________

6 · 300 = ____________ 600 · 3 = ____________

6 · 3 000 = ____________ 6 000 · 3 = ____________

6 · 30 000 = ____________ 60 000 · 3 = ____________

Was fällt dir auf?

____

171 In die Rechenhäuser sind befreundete Einmaleinsaufgaben eingezogen. Auf einer Etage wohnen immer die besten Freunde. Warum sie miteinander befreundet sind, kannst du am Ergebnis im Dach sehen.

Schreibe weitere befreundete Aufgaben in die Etagen.

172 Die Herbstferien stehen vor der Tür und acht Kinder aus der Klasse 4 b fahren gemeinsam ins Ferienlager auf einen Bauernhof. Die Fahrt kostet pro Person 327 Euro. Jetzt wollen Leon und Anna wissen, wie viel die Eltern der acht Kinder zusammen für die Fahrt bezahlen müssen.

Schwierige Malaufgaben teilst du am besten in mehrere leichte Malaufgaben und zählst dann die Ergebnisse zusammen. Deine Rechnungen kannst du als Rechentabelle aufschreiben oder du schreibst sie geordnet untereinander.

Beispiel:
8 · 327 =

Rechentabelle

·	8
300	2 400
20	+ 160
7	+ 56
	= 2 616

8 · 327 = 2 616

geordnet untereinander

8 · 327 =	2 616
8 · 300 =	2 400
8 · 20 =	160
8 · 7 =	56

Berechne die Aufgaben.

a

6 · 200 = ______

6 · 50 = ______

6 · 4 = ______

6 · 254 = ______

6 · 250 = ______

6 · 54 = ______

6 · 204 = ______

b $4 \cdot 800 =$ ______ $4 \cdot 830 =$ ______

$4 \cdot 30 =$ ______ $4 \cdot 34 =$ ______

$4 \cdot 4 =$ ______ $4 \cdot 804 =$ ______

$4 \cdot 834 =$ ______

c $5 \cdot 900 =$ ______ $5 \cdot 970 =$ ______

$5 \cdot 70 =$ ______ $5 \cdot 75 =$ ______

$5 \cdot 5 =$ ______ $5 \cdot 905 =$ ______

$5 \cdot 975 =$ ______

d $3 \cdot 600 =$ ______ $3 \cdot 680 =$ ______

$3 \cdot 80 =$ ______ $3 \cdot 89 =$ ______

$3 \cdot 9 =$ ______ $3 \cdot 609 =$ ______

$3 \cdot 689 =$ ______

173 Vor den Ferien muss noch viel gerechnet werden.
Rechne auf deinem eigenen Rechenweg.

a
$9 \cdot 6\,543$
$2 \cdot 9\,257$
$6 \cdot 7\,346$
$3 \cdot 4\,682$

b
$5 \cdot 2\,647$
$7 \cdot 9\,753$
$4 \cdot 2\,678$
$8 \cdot 3\,697$

c
$6 \cdot 3\,215$
$8 \cdot 1\,648$
$3 \cdot 6\,857$
$4 \cdot 5\,632$

Tipp!
Denke daran, dass du schwere Malaufgaben in leichtere **Teilaufgaben** aufteilen kannst.

174 Die Aufgabe 26 · 397 lösen die Kinder der 4 b in Rechenkonferenzen.
Anschließend stellen sie folgende Lösungen vor:

Gruppe 1: 397 · 26 = 10 322

•	300	90	7
20	6 000	1 800	140
6	1 800	540	42

7 800 + 2 340 + 182 = 10 322

Gruppe 2: 397 · 26 = 10 322

300 · 20 = 6 000
300 · 6 = 1 800
90 · 20 = 1 800
90 · 6 = 540
7 · 20 = 140
7 · 6 = 42
10 322

Rechne auf deinem eigenen Rechenweg.

a	b	c
15 · 365	48 · 8 426	163 · 641
86 · 574	37 · 6 312	279 · 718
53 · 924	67 · 3 849	861 · 2 795
93 · 439	59 · 4 391	786 · 5 761

Zahlen bis 1 000 000 – Schriftliches Malnehmen

Die Kinder der 4 b haben zusammen für das Klassenzimmer Merkplakate geschrieben, wie sie schwierige Malaufgaben richtig aufschreiben.

Schwierige Malaufgaben kannst du auch schriftlich ausrechnen.

H Z E	So sprichst du:	Das schreibst du:
4 3 1 · 2	sprich	
H Z E	$2 \cdot 1 = 2$	schreibe 2
8 6 2	$2 \cdot 3 = 6$	schreibe 6
	$2 \cdot 4 = 8$	schreibe 8

T H Z E	sprich:	
6 3 9 4 · 5	$5 \cdot 4 = 20$; 0 hin, 2 im Sinn	schreibe 0
ZT T H Z E	$5 \cdot 9 = 45$; $45 + 2 = 47$; 7 hin, 4 im Sinn	schreibe 7
3 1 9 7 0	$5 \cdot 3 = 15$; $15 + 4 = 19$; 9 hin, 1 im Sinn	schreibe 9
	$5 \cdot 6 = 30$; $30 + 1 = 31$	schreibe 31

175 Rechne!

a 684 · 3   357 · 7   963 · 5   741 · 9

b 852 · 2   987 · 4   654 · 6   321 · 8

c 9513 · 2   7846 · 5   3249 · 8   4677 · 7

d 5491 · 3   6833 · 7   8966 · 9   3855 · 4

e 48275 · 4   8424672 · 3   2721092 · 3

176 Hier sind Anna einige Rechenfehler passiert!
Gib ihr Tipps, worauf sie achten muss und schreibe die richtige Rechnung auf.

648 · 4
2462
Tipp: ______________________________
____

648 · 4
241632
Tipp: ______________________________
____

648 · 4
4833
Tipp: ______________________________
____

177 Anton und Sophie haben Malaufgaben mit zweistelligen Zahlen gerechnet, ihre Ergebnisse sind gleich, aber die Rechnungen sehen ganz anders aus!

Beim schriftlichen Malnehmen mit zweistelligen Zahlen gibt es verschiedene Schreibweisen. Du kannst dir aussuchen, wie es für dich einfacher ist.

Möglichkeit 1:

6394 · 45 = 6394 · 40 + 6394 · 5

	255760
+	31970
	287730

Möglichkeit 2:

	T	H	Z	E			
	6	3	9	4	·	4	5
HT	ZT	T	H	Z	E		
2	5	5	7	6	0		
	3	1	9	7	0		
2	8	7	7	3	0		

sprich:

4 · 4 = 16	6 hin, 1 im Sinn (schreibe 6, merke 1)
4 · 9 = 36; 36 + 1 = 37	7 hin, 3 im Sinn (schreibe 7, merke 3)
4 · 3 = 12; 12 + 3 = 15	5 hin, 1 im Sinn (schreibe 5, merke 1)
4 · 6 = 24; 24 + 1 = 25	schreibe 25
5 · 4 = 20	0 hin, 2 im Sinn (schreibe 0, merke 2)
5 · 9 = 45; 45 + 2 = 47	7 hin, 4 im Sinn (schreibe 7, merke 4)
5 · 3 = 15; 15 + 4 = 19	9 hin, 1 im Sinn (schreibe 9, merke 1)
5 · 6 = 30; 30 + 1 = 31	schreibe 31

Später kannst du die Stellenzeichen (T, H, Z, E) weglassen!

Rechne!

a 984 · 55 651 · 24 324 · 95 756 · 61

b 741 · 82   852 · 37   9632 · 45   2684 · 51

c 1596 · 18   3579 · 29   7538 · 36   6842 · 73

178 Auch hier sind den Kindern der 4 b wieder Rechenfehler passiert! Kannst du ihnen Tipps geben?

```
6 4 8 · 4 1
  2 5 9 2 0
    6 4 8
  3 2 4 0 0
```

Tipp: ______________________

```
6 4 8 · 4 1
    2 5 9 2
      6 4 8
    3 2 4 0
```

Tipp: ______________________

```
6 4 8 · 4 1
    6 4 8 0
    2 5 9 2
    9 0 7 2
```

Tipp: ______________________

179 Hier ist Nilay ein Unglück passiert und ihr ist Tinte ausgelaufen. Kannst du ihr helfen und die fehlenden Ziffern in die Lücken schreiben?

a

```
357 · 9      _63 · 7      _82 · 3
3_13         6041         17_6
```

b

```
9_8 · 44     821 · _7     287 · 73
371__        4_05_        __09_
 3712         574_          8_1
40_32        _6_97        20_51
```

180 Schreibe die fehlenden Ziffern in die Lücken.

```
9 _ 9 3 · 2 _ 3
  1 8 9 8 6
      0 0 0 0
      _ 8 _ 7 9
  1 _ 2 7 0 _ _
```

```
2 _ 3 7 · 9 _ 1
  2 5 _ 3 3
      5 _ _ 4
        2 8 3 _
_ _ 1 2 8 _ 7
```

```
7 4 6 2 · _ _ 7
  2 9 8 4 8
    0 _ 0 _ 0
      5 _ 2 _ 4
_ _ 3 7 0 3 4
```

Knobelaufgaben

Tipp!
multiplizieren, Multiplikation = malnehmen
Produkt = Ergebnis der Malrechnung

181 Während der Freiarbeit haben Maria und Jürgen sich Knobelaufgaben ausgedacht.

a 600 ist das Produkt zweier benachbarter Zahlen. Wie heißen die Zahlen?

b 3 192 ist das Produkt zweier benachbarter Zahlen. Wie heißen die Zahlen?

182 Anna hat in einem Märchen von einem sehr reichen König gelesen. Jetzt möchte sie wissen, wie reich er in Wirklichkeit wäre.
Dieser König hat sein Gold in Beuteln, jeweils acht Goldstücke pro Beutel. Immer neun Beutel sind in einem Sack. Diese Säcke sind in Kisten verpackt, die wiederum in Truhen weggeschlossen sind. In jeder der zwölf Truhen sind immer elf Kisten und in jeder davon zehn Säcke.

Wie reich wäre er, wenn ein Goldstück 14 Euro wert ist?

Zahlen bis 1 000 000 – Teilen

183 Lotta macht am Wochenende mit ihren Eltern einen Ausflug zu einer alten römischen Villa. Römische Villen gab es auch in Deutschland. Meist gehörten sie sehr reichen Römern. In der Villa gibt es sechs berühmte Mosaike, die laut Reiseführer insgesamt aus 240 000 kleinen Steinchen bestehen. Lotta rechnet schnell: „Das sind ja 40 000 Steinchen pro Mosaik!“

Wenn du eine große Zahl mit glatten Tausendern, Hundertern oder Zehnern teilen sollst, denke dir einfach die Nullen weg und teile dann. Im Ergebnis musst du dann genauso viele Nullen, wie du dir weggedacht hast, wieder anhängen.

Beispiel:
16 **000** : 4 = ich denke mir die drei Nullen weg
16 : 4 = 4
16 **000** : 4 = 4 **000** jetzt hänge ich die drei Nullen wieder an die 4

Rechne!

24 : 6 = ____	81 : 9 = ____	63 : 7 = ____
240 : 6 = ____	810 : 9 = ____	630 : 7 = ____
2 400 : 6 = ____	8 100 : 9 = ____	6 300 : 7 = ____
24 000 : 6 = ____	81 000 : 9 = ____	63 000 : 7 = ____
240 000 : 6 = ____	810 000 : 9 = ____	630 000 : 7 = ____

184 Beginne immer mit einer leichten Aufgabe und schreibe sie unter die Aufgabe.

a

20 000 : 4 = ____	8 100 : 9 = ____	180 000 : 2 = ____
35 000 : 5 = ____	4 000 : 8 = ____	420 000 : 7 = ____
32 000 : 8 = ____	2 700 : 3 = ____	480 000 : 6 = ____
72 000 : 8 = ____	1 500 : 3 = ____	540 000 : 9 = ____
44 000 : 4 = ____	2 400 : 6 = ____	720 000 : 8 = ____

b

270 000 : 9 = ______	49 000 : 7 = ______	6 400 : 8 = ______
200 000 : 4 = ______	18 000 : 6 = ______	2 400 : 3 = ______
140 000 : 2 = ______	56 000 : 8 = ______	6 300 : 7 = ______
400 000 : 5 = ______	45 000 : 9 = ______	4 800 : 8 = ______

185 Jule und Mattis haben sich in der Freiarbeitsphase schwere Aufgaben gesucht, bei denen man gut aufpassen muss.

Zerlege eine schwere Geteiltaufgabe in mehrere leichte Aufgaben – am besten mit glatten Tausendern, Hundertern oder Zehnern –, die du leicht und ohne Rest teilen kannst. Die Ergebnisse der Rechnungen musst du dann nur noch zusammenzählen.

Beispiel:

81 081 : 9 =
81 000 : 9 = 9 000 — 81 000 ist eine Zahl mit glatten Tausendern, die gut teilbar ist
81 : 9 = 9 — jetzt bleiben noch 81 übrig, die ich durch 9 teilen muss
81 081 : 9 = 9 009 — jetzt muss ich die Ergebnisse 9 000 und 9 zusammenzählen

Rechne!

a

30 : 3 = ______	60 : 4 = ______	70 : 5 = ______
300 : 3 = ______	400 : 4 = ______	500 : 5 = ______
3 000 : 3 = ______	6 000 : 4 = ______	3 000 : 5 = ______
3 330 : 3 = ______	6 460 : 4 = ______	3 570 : 5 = ______

b

480 : 6 = ______	4 : 4 = ______	8 : 8 = ______
6 : 6 = ______	200 : 4 = ______	400 : 8 = ______
4 800 : 6 = ______	1 000 : 4 = ______	6 000 : 8 = ______
4 806 : 6 = ______	1 204 : 4 = ______	6 408 : 8 = ______

c

8: 2 = ______	44 : 4 = ______	8 : 8 = ______
150 : 2 = ______	200 : 4 = ______	640 : 8 = ______
1 500 : 2 = ______	2 000 : 4 = ______	6 440 : 8 = ______
1 508 : 2 = ______	2 244 : 4 = ______	7 088 : 8 = ______

186 Die Klasse 4 b hat bei einem Geschichtenwettbewerb mitgemacht und 55 Eintrittskarten für ein Puppentheater gewonnen. Die Kinder haben ausgerechnet, dass jeder der 24 Schüler zwei Karten bekommt und dann noch sieben Karten übrig bleiben. Diese wollen sie als Preise für die besten Kinder beim Sportfest und beim Mathematikwettbewerb stiften.

Es gibt Zahlen, die kann man nicht glatt durch andere teilen – es bleibt dann ein **Rest**. Du musst überlegen, wie oft die Zahl in die andere hineinpasst. Das, was dann übrig bleibt, nennen wir Rest.

Beispiel:
55 : 24 = 2 **Rest** 7   oder kürzer 2 **R** 7

Rechne!

24 000 : 5 000 = ______

45 000 : 6 000 = ______

48 000 : 9 000 = ______

39 000 : 4 000 = ______

32 000 : 7 000 = ______

63 000 : 8 000 = ______

160 000 : 30 000 = ______

750 000 : 20 000 = ______

560 000 : 90 000 = ______

960 000 : 50 000 = ______

720 000 : 50 000 = ______

480 000 : 70 000 = ______

187 Setze jeweils an die letzte Stelle eine Ziffer, sodass du die Aufgabe ohne Rest rechnen kannst und berechne das Ergebnis.

a 8 65__ : 2 = ______   6 23__ : 4 = ______   4 92__ : 2 = ______

3 48__ : 2 = ______   1 88__ : 4 = ______   7 34__ : 4 = ______

b 2 67__ : 5 = ______   6 84__ : 2 = ______   9 65__ : 5 = ______

5 68__ : 5 = ______   7 62__ : 2 = ______   5 67__ : 4 = ______

c 12 70__ : 5 = ______   28 95__ : 2 = ______   10 69__ : 4 = ______

44 58__ : 5 = ______   67 42__ : 2 = ______   30 19__ : 4 = ______

188 Rechne! Die leichten Aufgaben mit glatten Tausendern, Hundertern und Zehnern helfen dir, die Aufgaben zu lösen.

a

6 000 : 6 = ______	6 420 : 6 = ______
420 : 6 = ______	6 360 : 6 = ______
360 : 6 = ______	6 780 : 6 = ______
54 : 6 = ______	6 054 : 6 = ______
	6 474 : 6 = ______

b

4 000 : 2 = ______	4 240 : 2 = ______
240 : 2 = ______	4 180 : 2 = ______
180 : 2 = ______	4 420 : 2 = ______
48 : 2 = ______	4 048 : 2 = ______
	4 228 : 2 = ______

c

4 800 : 8 = ______	5 440 : 8 = ______
640 : 8 = ______	5 120 : 8 = ______
320 : 8 = ______	5 560 : 8 = ______
72 : 8 = ______	4 872 : 8 = ______
	5 512 : 8 = ______

189 Löse die Aufgaben.

a

8 000 : 8 = ______	5 000 : 5 = ______	42 000 : 7 = ______
8 024 : 8 = ______	5 125 : 5 = ______	42 749 : 7 = ______
7 992 : 8 = ______	4 880 : 5 = ______	41 650 : 7 = ______

b

32 000 : 4 = ______	1 500 : 3 = ______	54 000 : 9 = ______
31 860 : 4 = ______	1 386 : 3 = ______	54 639 : 9 = ______
32 644 : 4 = ______	1 539 : 3 = ______	52 200 : 9 = ______

c

63 000 : 7 = ______	4 500 : 5 = ______	12 000 : 2 = ______
63 777 : 7 = ______	4 525 : 5 = ______	12 648 : 2 = ______
62 454 : 7 = ______	4 445 : 5 = ______	11 738 : 2 = ______

Zahlen bis 1 000 000 – Schriftliches Teilen

190 Für ein Sachunterrichtsprojekt begleiten die Kinder der 4 b einen Tag lang ihre Eltern zur Arbeit. Leons Vater ist Ingenieur und überwacht momentan vier Baustellen. Zusammen sehen sie auf einer Baustelle nach dem Rechten. Heute muss Leons Vater ausrechnen, wie viel Zement zu den einzelnen Baustellen gefahren werden soll. „Ausgerechnet heute habe ich keinen Taschenrechner hier. Wie soll ich denn 7 388 : 4 im Kopf ausrechnen?“, brummt er. Leon zeigt ihm, wie er das in der Schule gelernt hat.

So schreibst und sprichst du beim **schriftlichen Teilen:**

```
  T H Z E       T H Z E
  7 3 8 8 : 4 = 1 8 4 7
– 4
  3 3
– 3 2
    1 8
  – 1 6
      2 8
    – 2 8
      0 0
```

sprich:	schreibe:
7 : 4; passt 1-mal rein 1 · 4 = 4; 7 – 4 = 3	1 4; Strich 3
hole 3 runter 33 : 4; passt 8-mal rein 8 · 4 = 32; 33 – 32 = 1	 8 32; Strich 1
hole 8 runter 18 : 4; passt 4-mal rein 4 · 4 = 16; 18 – 16 = 2	 4 16; Strich 2
hole 8 runter 28 : 4; passt 7-mal rein 7 · 4 = 28; 28 – 28 = 0	 7 28; Strich 0

Berechne die folgenden Aufgaben und setze sie um eine Aufgabe fort.

a

108 : 9 =

1107 : 9 =

11106 : 9 =

111105 : 9 =

b

21 : 3 =

201 : 3 =

2001 : 3 =

20001 : 3 =

191 Bei ihrer Mutter in der Stadtverwaltung findet Kathrin eine interessante Tabelle. Hier steht, wie viele Einwohner die Stadt in den letzten fünf Jahren hatte.

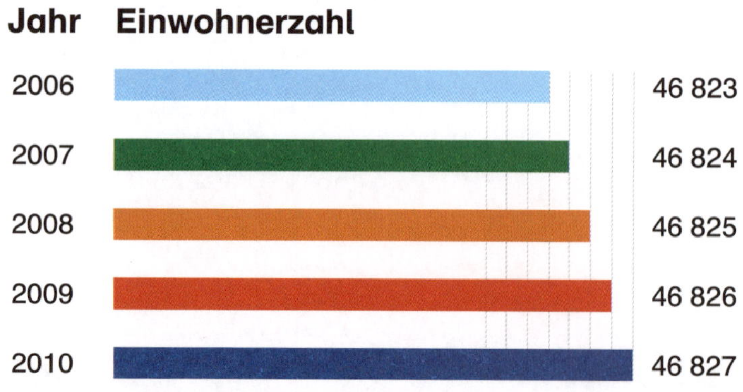

Kathrin möchte gerne den Durchschnitt der Einwohnerzahlen der Stadt ausrechnen. „Dazu musst du alle Einwohnerzahlen zusammenzählen und das Ergebnis dann durch 5 teilen", erklärt ihre Mutter. Kathrin denkt eine Weile nach und sagt dann: „Ich glaube, ich kenne das Ergebnis schon! Aber lass uns lieber rechnen, ganz sicher bin ich mir nicht! Hinterher können wir sehen, ob ich recht hatte."

a Suche dir fünf aufeinanderfolgende fünfstellige Zahlen und zähle sie zusammen. Teile diese dann durch 5.
Rechne so fünf Aufgaben.
Vielleicht gelingt es dir wie Kathrin, das Ergebnis vorherzusagen, und du rechnest nur noch, um zu kontrollieren, ob du wirklich richtig liegst.

Beispiel:

```
    46823      234125 : 5 =
+   46824
+   46825
+   46826
+   46827
   234125
```

Was fällt dir auf?

Versuche zu erklären, warum diese Ergebnisse entstehen.

b Funktioniert das auch, wenn der Unterschied zwischen den gesuchten Zahlen 10 ist? Probiere dies mit weiteren fünf Zahlen auf einem Blockblatt.

Knobelaufgaben

Tipp!
dividieren, Division = teilen
Quotient = Ergebnis der Geteiltrechnung

192 Christians Mama ist Lehrerin in der 5. Klasse. Im Mathematikunterricht darf Christian den Schülern Knobelaufgaben geben.

6	5	4	2	8

a Bilde aus den Ziffernkarten eine Divisionsaufgabe mit einem möglichst großen Ergebnis. Welches ist das größte mögliche Ergebnis?

b Bilde eine Divisionsaufgabe mit einem möglichst kleinen Ergebnis. Welches ist das kleinste mögliche Ergebnis?

193 Leon kauft im Zoogeschäft eine kleine Wüstenrennmaus, die genau einen Monat alt ist. Der Verkäufer erklärt ihm, dass diese Art von Wüstenrennmäusen im Alter von zwei Monaten fortpflanzungsfähig wird und nach einer Tragezeit von einem Monat zwölf Junge zur Welt bringt.

Wie viele Mäuse wird Leon in einem Jahr haben?

Zahlen bis 1 000 000 – Grundrechenarten miteinander verbinden

194 Heute stehen im Sachunterricht die alten Griechen auf dem Stundenplan.
Leon hat ein kurzes Referat vorbereitet und der Klasse erklärt, dass die Griechen sehr gute Mathematiker waren, die viele Rechenregeln festgelegt haben, die auch jetzt noch gelten.
„Welche denn?“, will Anna wissen.
„Zum Beispiel, dass man Platzhalter für eine unbekannte Zahl einsetzt“, weiß Leon.

Die Linie in Aufgaben wie 160 000 + ______________ = 200 000 nennt man **Platzhalter**.

Überlege bei solchen Aufgaben, wie du die Aufgabe so umstellen kannst, dass der Platzhalter als Ergebnis hinter dem Istgleich-Zeichen steht.
Dabei helfen dir oft die Tausch- und Umkehraufgaben.

Die Klasse 4 b rechnet an der Tafel zuerst ganz ausführlich, dann kürzer:

1)
160 000 + ______ = 200 000
Tauschaufgabe:
______ + 160 000 = 200 000
Umkehraufgabe:
200 000 – 160 000 = ______
200 000 – 160 000 = 40 000

2)
______ – 26 800 = 3 200
Umkehraufgabe:
3 200 + 26 800 = ______
3 200 + 26 800 = 30 000

3)
50 000 – ______ = 25 000
50 000 – 25 000 = ______
50 000 – 25 000 = 25 000

Rechne wie die Kinder der 4 b und schreibe als Aufgabe.

a

125 + ☐ = 250 ____________________

3 500 + ☐ = 10 000 ____________________

6 250 + ☐ = 25 000 ____________________

63 000 + ☐ = 120 000 ____________________

b

☐ – 5 000 = 60 000 ____________________

☐ – 6 300 = 18 700 ____________________

☐ – 45 000 = 205 000 ____________________

☐ – 12 500 = 317 500 ____________________

195 „Das funktioniert natürlich auch bei Mal- und Geteiltaufgaben“, erklärt Frau Reber. Die Klasse 4 b rechnet an der Tafel:

Rechne auch diese Aufgaben wie die Kinder der 4 b.

a

6 · ☐ = 4 200 ____________________

12 · ☐ = 8 400 ____________________

900 · ☐ = 54 000 ____________________

60 · ☐ = 4 800 ____________________

b 72 000 : □ = 8 000 ______________________

4 000 : □ = 500 ______________________

25 000 : □ = 50 ______________________

2 700 : □ = 90 ______________________

196 Aufgaben mit Platzhalter kann man auch als Aufgaben mit Pfeilen darstellen. Damit alle sich die Regeln für Pfeilaufgaben merken, gestalten Sophie und Olga Merkplakate.

> Um eine Pfeilaufgabe wie diese zu lösen, musst du den Pfeil einfach nur umdrehen und die Umkehraufgabe rechnen.
>
> □ $\xrightarrow{+\,50}$ 100 □ $\underset{-\,50}{\overset{+\,50}{\rightleftarrows}}$ 100

Berechne so diese Aufgaben.

a □ $\overset{+\,1\,500}{\rightleftarrows}$ 2 500; □ = ______________

____

b □ $\overset{\cdot\,60}{\rightleftarrows}$ 3 600; □ = ______________

____

c □ $\overset{-\,380\,000}{\rightleftarrows}$ 120 000; □ = ______________

____

d □ $\overset{:\,800}{\rightleftarrows}$ 300; □ = ______________

____

197 Auch Kettenaufgaben kann man so leicht lösen.

a □ $\overset{\cdot\,4}{\rightleftarrows}$ $\overset{-\,400}{\rightleftarrows}$ $\overset{:\,2}{\rightleftarrows}$ 800; □ = ______________

____

b □ $\overset{:\,6}{\rightleftarrows}$ $\overset{+\,40}{\rightleftarrows}$ $\overset{\cdot\,25}{\rightleftarrows}$ 2 500; □ = ______________

____

c □ $\overset{+\,11}{\rightleftarrows}$ $\overset{:\,2}{\rightleftarrows}$ $\overset{\cdot\,8}{\rightleftarrows}$ 88; □ = ______________

____

d □ $\overset{\cdot\,4}{\rightleftarrows}$ $\overset{:\,10}{\rightleftarrows}$ $\overset{+\,35}{\rightleftarrows}$ 45; □ = ______________

____

198 Anna und Leon streiten sich, wer diese Aufgabe richtig gelöst hat: 120 + 180 : 3 =

Anna hat so gerechnet:
180 : 3 = 60
120 + 60 = 180

So hat Leon gerechnet:
120 + 180 = 300
300 : 3 = 100

Frau Reber erklärt ihnen, dass dieses Problem auch früher schon Mathematiker hatten und sie sich auf folgende Regel geeinigt haben:

Wenn in einer Rechnung Punktrechnung (· und :) und Strichrechnung (+ und –) zusammen vorkommen, rechnet man immer zuerst die Punktrechnungen.
Merke dir einfach: **Punkt vor Strich**!

Beispiel:
120 + **180 : 3** = 120 + **60** = 180

Beachte die Rechenregel und löse die Aufgaben.

a 350 + **150 : 5** = ______

560 : 7 – 20 = ______

230 + **640 : 8** = ______

500 : 10 – **180 : 6** = ______

b 140 · 2 – 80 = ______

620 + 40 · 3 = ______

550 + 210 : 3 – 400 = ______

200 + 800 + 100 : 2 = ______

Tipp!
Markiere dir die **Punktaufgaben** farbig.

199 Es gibt eine weitere Rechenregel, die Mathematiker festgelegt haben:

Wenn in einer Rechnung **Klammern** auftauchen, musst du das, was in der Klammer steht, zuerst ausrechnen. Merke dir einfach: **Klammern zuerst**!

Beispiel: 500 – **(250 + 150)** = 100
250 + 150 = 400
500 – **400** = 100

Beachte die Rechenregel und löse die Aufgaben.

a **(200 + 300)** – 170 = ______

(430 + 270) – **(320 – 280)** = ______

(910 + 90) : 100 = ______

900 : **(450 : 5)** = ______

b $140 - (2 \cdot 30) =$ ____________________

$40 + 20 + (310 - 60) =$ ____________________

$450 - (210 - 70) + 30 =$ ____________________

$1\,000 : (4 \cdot 50) =$ ____________________

c $840 - (420 + 120) =$ ____________________

$(844 - 48) + (628 + 72) =$ ____________________

$(7 \cdot 30) + 190 =$ ____________________

$(380 - 60) : 4 =$ ____________________

Knobelaufgabe

200 Statt eines Platzhalters setzt Anna bei Zahlenrätseln jetzt ein x ein und löst die Aufgabe als Pfeilaufgabe.

Schreibe bei Zahlenrätseln die einzelnen Rechnungen ohne Zwischenergebnisse als Pfeilaufgabe. Dreh dann die Pfeile um und löse die Umkehraufgaben.

Beispiel:
Ich denke mir eine Zahl x, multipliziere sie mit 3, addiere 39, subtrahiere 10 und dividiere sie durch 5 und erhalte die Zahl 10.

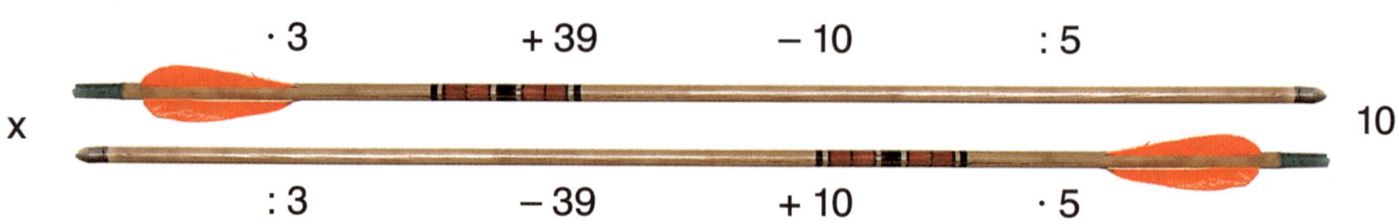

Schreibe als Pfeilaufgabe und berechne.

a Ich denke mir eine Zahl x, subtrahiere 60, dividiere durch 5, verdopple die Zahl, addiere 26 und erhalte die Zahl 50.

____

b Ich denke mir eine Zahl x, multipliziere sie mit 3, subtrahiere 300, dividiere durch 90, addiere 10 mehr als die Zahl, durch die ich dividiert habe, und erhalte die Zahl 200.

____

c Ich denke mir eine Zahl x, addiere 75, dividiere sie durch 5, subtrahiere 2, dividiere durch 11 und erhalte die Zahl 3.

____